未来领袖摇篮
系列丛书
WEILAI
LINGXIUYAOLAN

UNIVERSITAS
CANTABRIGIENSIS

林大为｜编著

剑桥大学
闪耀的神圣

UNIVERSITAS CANTABRIGIENSIS
Shinne Heavenliness

中国出版集团
现代出版社

图书在版编目(CIP)数据

闪耀的神圣：剑桥大学 / 林大为编著. —北京：现代出版社，2013.2（2021.8重印）

（未来领袖摇篮）

ISBN 978-7-5143-1374-1

Ⅰ.①闪…　Ⅱ.①林…　Ⅲ.①剑桥大学－青年读物②剑桥大学－少年读物　Ⅳ.①G649.561.8-49

中国版本图书馆CIP数据核字(2013)第027311号

编　　著　林大为
责任编辑　刘春荣
出版发行　现代出版社
通讯地址　北京市安定门外安华里504号
邮政编码　100011
电　　话　010-64267325 64245264（传真）
网　　址　www.xdcbs.com
电子邮箱　xiandai@cnpitc.com.cn
印　　刷　北京兴星伟业印刷有限公司
开　　本　700mm × 1000mm 1/16
印　　张　12
版　　次　2013年2月第1版　2021年8月第3次印刷
书　　号　ISBN 978-7-5143-1374-1
定　　价　32.00元

前言

QIAN YAN

如今已步入不惑之年，记忆中的一些事情好多都已如烟消云散，不过有一个问题始终萦绕心头，我高中毕业的时候，家里的生活非常艰难，父母为什么还让我读完大学呢？这个问题困扰我已经20年了。终于有一天，我明白了，父母想让我换一种生活方式；他们不希望我沿着他们的生活轨迹前行！

古人说："行万里路，读万卷书。"这句话实在深刻！对现代人而言，行万里路易，读万卷书难。科技的车轮正以惊人的速度滚滚向前，终日在电脑和千奇百怪的机器前忙碌的现代人，用电线、光缆、轨道和航线把地球变成一个村落，点击鼠标，我们可以在世界的任何一个角落把自己随意粘贴。好多人已经认为读书没什么用！读书是在浪费生命。于是，面对现代文明，缺少了读大学修炼的底蕴。我们频繁遭遇对面相逢不相识的尴尬，不断地积聚那些源自心底的陌生。为此，我们渴望一种深层的理解，渴望一种心灵的历练，以让脚步和心灵能够行得更远。

大学有着上千年文化的厚厚沉积，大学有着上千年文明的跌宕起伏，大学有着上千年社会的沧桑巨变，这足以让你惊叹，让你震撼。大学给你的感觉是那样空灵，那样清新，那样恬静。追昔抚今，历史的长廊仿佛就在眼前。生命却耐不住"逝者如斯夫"的侵蚀，大学生活也是必需的人生经历。大学的魅力，与其耳闻，不如亲见。大学生活可以弥补我们时间的缺失，增值属于我们的光阴；大学可以把智慧集腋成裘，让我们的生命成就高品质的价值。

在任何一个团体中，总有某一个人充当着核心的角色，他的言行能够被团体认可，并指引着团体的某一些决策和行动。我们可以把这种人所具备的人格魅力称为“领袖气质”。环境是一种氛围，一种智慧，一种“隐性课程”。我国古代有“孟母三迁”的故事，说明环境对人才成长的重要性。

在良好的教育环境中，人才更能轻松愉快、自由主动地去发现、思考和探索，从中获得知识经验，在情感、信念、意志、行为和价值观等方面得到潜移默化的熏陶；成长环境有助于显示今天的行动与明天的结果之间存在的永久联系。在这里，曾经出现过无数的政治、经济、军事、文化等各个行业的领军人物。他们用行动证明：最具实力、特点的学府，才能真正缔造别具一格的人才。

本丛书选了最具代表性的世界名校20所。通过对这些名校的概况、教学特点、培养的名人等的介绍，意在深度挖掘人才成功之路上不为人知的细节，同时剖析名校培养人才的根本原因所在，是一部您一定要读的人生枕边书。

尽管我们付出了诸多辛苦，然而由于时间紧迫和能力所限，书稿错讹之处在所难免。敬请各方面的专家学者和广大读者批评指正。我们不胜感激！

编 者

2012年11月

目录

开　篇　大学是未来领袖的摇篮

大学是社会的良心，是天才的渊薮，是文化与思想的栖息地，也是每一个青少年成为未来领袖的摇篮。每所大学都有独特的文化和性格。一所大学能反映一个城市甚至一个国家的精神气质。大学是今天与未来的桥梁，认识一所大学，可以树立一个梦想；树立一个梦想，可以创造一个人生。

第一章　认识剑桥大学

剑桥大学(University of Cambridge)成立于1209年。剑桥大学和牛津大学(University of Oxford)齐名，为英国两所最优秀的大学，被合称为“Oxbridge”，是世界十大名校之一，有89位诺贝尔奖得主出自此校。

第二章　风景秀丽的剑桥大学

剑桥大学坐落在英格兰东部平原剑河两岸的剑桥镇，剑桥镇风景秀丽，距首都伦敦仅51公里，著名的剑河从镇中横穿而过。剑桥大学既没有中心和围墙，也没有挂着校名的门牌，整个大学就散落在各个园林中。

第三章　创新的剑桥大学

剑桥大学作为英国最古老的大学，从办学理念、培养方式到学术氛围、校园环境诸方面均有其独到之处，也正是从这些不同的侧面，反映出剑桥大学与众不同的魅力。

第四章　剑桥的教学理念

剑桥能够人才辈出，与它的人才选拔及培养方式有很大的关系，剑桥最看重的是学生的潜力。剑桥的教学理念充分体现了"教中学"，即在老师的引导中学生自己完成学业，学生参与到教学过程之中，而不是老师"教"、学生"学"——两者分开的教学模式。

第五章　剑桥的荣耀与魅力

剑桥大学是英国也是全世界最顶尖的大学之一。英国许多著名的科学家、作家、政治家都来自于这所大学。剑桥大学也是诞生最多诺贝尔奖得主的高等学府，有89名诺贝尔奖获得者曾经在此执教或学习，其中有70多人是剑桥大学的学生。

开　篇　大学是未来领袖的摇篮

大学，是社会的良心，是天才的渊薮，是文化与思想的栖息地，也是每一个青少年成为未来领袖的摇篮。每所大学都有独特的文化和性格。一所大学能反映一个城市甚至一个国家的精神气质。大学是今天与未来的桥梁，认识一所大学，可以树立一个梦想；树立一个梦想，可以创造一个人生。

领袖是怎样炼成的

大学箴言

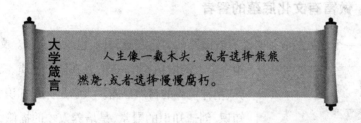

人生像一截木头，或者选择熊熊燃烧，或者选择慢慢腐朽。

做一个出类拔萃的领袖

要想真正成为一名出类拔萃的领袖，必须在工作、生活各个方面具备过硬的素质。从某种意义上说，领袖必须成为人民的理想楷模。这不仅是指通常所理解的“德”，而且也是指同样重要的“智”。一个真正的领袖必须拥有远大的抱负，拥有异于常人的智慧，超常的适应能力，服务大众的态度和引导舆论的能力。

一个好领袖必是一个好的聆听者，并掌握与人沟通、表情达意的技巧。他充满自信，具有很强的分析能力，亦必毅力过人，并能不断自省以求进。英国首相温斯顿·丘吉尔说过：“成功不是终点，失败也并非末日。最重要的是具备勇气，一直前行。”当一个人为实现梦想苦苦追寻的时候，需要这样一种意志和品格。

坚持，是一种信念。无论在国内，还是在国外，要获得最美丽的人生，要实现自己最大的价值,要能够对社会、对他人有所回报,就要坚持自己的目标和梦想。

坚持,是一种过程。这个世界上,天上掉馅饼的事儿几乎为零,或者没有什么事情是一蹴而就的。在梦想实现之前,需要耐得住寂寞、孤独和暂时的不成功。

坚持,是一种生活方式。学习也好,工作也好,生活也好,都需要用一种坚持的态度去完成。这种生活方式可以磨练自己的意志力。坚持住人生信念,没有什么困难是不可以克服的。

做富有文化底蕴的智者

一个优秀的领袖必然有着深厚的文化底蕴,其实也就是文气。文气是指一个人的内在文化底蕴、外在儒雅气质、文化修养、精神境界的自然显露。大学是保存知识、传播知识、创造知识的殿堂,是培养人才的摇篮,是先进文化的策源地和辐射源。大学领导者作为知识分子的领袖、楷模和标尺,如果自身没有知识、没有文化、没有学问,即没有所谓的“文气”,就不会得到师生的尊重、敬仰和爱戴,就很难引领大学的发展。

> **【领袖语录】**
>
> 读书时不可有己见;读书后不可无己见。

修炼文气,须多读书,成为大学者。“腹有诗书气自华”。要养成儒雅的文气,就必须博学多识,不仅学习教育学、心理学、管理学、领导学、经济学等知识,还要多读经典古文、传统诗词、名家名篇,广泛涉猎经济、政治、文化、社会等各方面,学贯中西、通晓古今,努力成为著名学者。纵观做出卓著成绩的校长,他们都是某个学科领域的专家,同时也对人文社会科学知识有深厚的积淀。如北京大学原校长蔡元培是哲学家、美学家,还通晓教育学、心理学、生理学,堪称大学问家。

修炼文气,须多思考,成为思想家。文气的养成是为了提高个人素养,促进工作实践,而思考是学习与行动的桥梁,“学而不思则罔”。思考形成思维,思维产生观念,观念形成思想,思想决定行动。因此,大学领导者必须学会思考，并多思考。要明了大学的性质，知晓大学的历史，把握大学面对的环境和拥有的资源，把文气的养成与改造思想结合起来，与指导实践结合起来，与解决实际问题结合起来。历史证明，成功的大学领导者，一般都是深邃的思考者。譬如，哈佛大学校长博克曾著《超越象牙塔》，指出现代大学不能回避为社会的进步和国家的利益服务；芝加哥大学校长赫钦斯曾著书《高深学问》，反对功利主义，倡导博雅教育；耶鲁大学校长吉亚麦提曾著《大学和公众利益》，探讨大学的性质和在社会中的作用；加州大学校长克尔曾著《大学的功用》，提出了巨型大学的概念。由于他们对大学有深入的思考，不随波逐流，从而把大学办出了特色，推上了新台阶。

修炼文气，须多谋划，成为谋略家。大学领导者是学校的规划设计者，历史上有卓越成就的大学领导者都是优秀的谋略大师。卡迪夫大学前任校长史密斯爵士曾说过，作为领导者，他必须将四分之三的时间花在思考学校方向和战略上，他认为，“校长就是要将自己的办学战略和价值理念传播出去，让学校所有员工接受，然后选择合适的人去实现这些策略。”中国的大学校长都曾经或正在谋划制定“大学发展战略规划、大学学科和师资队伍建设规划、大学校园发展规划”，引领大学的发展和振兴。事实证明，大学领导者只有经常围绕“建设一个什么样的大学，怎样建设这样的大学”的问题潜心思考，精心谋划，才能认准大学发展的根本方向，不至于随着各种思潮的冲击而左右摇摆。

【领袖语录】

所谓年轻的心，就是总有一扇门敞开着，等待未来闯进。

浩然正气的力量

一个优秀的领袖还必须有正气。孟子曰：“吾善养吾浩然之气。”文天祥说：“天地有正气，杂然赋流形。下则为河岳，上则为日星。于人曰浩然，沛乎塞苍冥。”对大学领导者来说，正气就是不媚俗，能引领社会发展潮流。

修炼正气，须不媚俗。大学既要防止“滞后于社会”的弊端，但又不简单地“迎合时尚”。这就要求大学领导者的办学理念和行为方式必须因时而变，成为“对现在和未来都会产生影响的一种力量”。但这种适度而明智的变化不是无原则、无限度的，必须是“根据需求、事实和理想所做的变化”。罗伯特·M·赫钦斯在《学习社会》一书中直言不讳地追问：“大学究竟是为社会服务还是批评社会？是依附于社会还是独立于社会？是一面镜子还是一座灯塔？是迎合眼前的实际需要，还是传播及光大高深文化？”这些都需要我们深思。

有几个充分表明大学校长不媚俗的例子：1986 年哈佛大学校庆，当时的美国总统里根希望获得哈佛大学名誉博士的称号，但哈佛大学校长德雷克·博克予以拒绝：“里根可以成为美国总统，但他难以获得哈佛的博士学位，因为这是学术称号。”人们称之为“两个 President 之争”。基辛格从国务卿岗位上卸任并退出政坛后，很想回到哈佛大学工作，但被哈佛大学校长婉言谢绝：“基辛格是个学识渊博的人。如果论私交，我和他的关系也不坏。但我要的是教授，不是不上课的大人物。”1957 年北大校长马寅初在最高国务会议上提出他的“新人口论”，受到当时权威的批判，但他说：“我决不向专以力压服，不以理说服的那种批判者们投降。”尽管他被迫辞去北京大学校长职务，全国人大常委之职也被罢免，公众的心中却并未消失，马老正直的身影和铿锵之声；历史证明，马寅初不媚俗，不迷信权威，他掌握了真理。

修炼正气，须能引领。大学不应脱离社会、孤芳自赏，而应当“与社会保持接触”，并“以自己的实力和声望”对科学和重大而紧迫的社会问题、社会现象进行研究，从而对社会可能采取的行动与对策产生影响。赫钦斯说：“大学是一个瞭望塔。”在改革社会中应发挥积极的作用，成为承担公共服务的必不可少的工具，应不惜一切代价加强各种创造性的活动，引领社会前进。普林斯顿大学原校长弗莱克斯纳认为：大学必须经常给予学生一些东西，这些东西并不是社会所想要的(want)，而是社会所需要的(needs)。不管社会如何变化，在任何情况下，大学都有对于知识和

思想保存的责任，能不断引领社会发展，而不是一味地适应社会。因此，大学领导者应有能力通过引领大学发展来引领社会发展。

底气是做人之本

【领袖语录】

不要把知识与智慧混淆，知识告诉你怎样生存，智慧告诉你如何生活。

一个优秀的领袖还必须有底气。底气是做人之根本、根基、根源。底气足，才有真本钱，才有发言权，才有凝聚力和号召力。底气的表现形式就是说话的分量、人格的魅力、个人的影响力，就是群众的归属感、信任感和敬仰感。作为大学领导者，必须要有充足的底气。有了充足的底气，才能确立威信，促进事业的兴旺发达，实现大学的价值。充足的底气需要磨练和积累，需要全身心地培育和修炼。

修炼底气，须立大志。底气源于理想和信念。理想和信念是大学领导者的基本内在修养。大学最根本的社会功能就是储存、创造和传递人类文明。大学要创造新的人类文明就要为了真理而追求真理。追求真理本身就是目的，因此，它天然地反对功利主义。大学还要负载价值，守望社会精神文明，给人类以极大关怀。因此大学领导者要树立追求真理、献身真理的大志向。要坚信我们所从事的事业是正义的事业，是伟大的事业，责任崇高而神圣，任务光荣而艰巨。

修炼底气，须善实践。能力是底气的表现。大学领导者在专业上要做专家，管理上要做行家，必须勤于实践善于实践。以华中科技大学历任领导者为例，他们都是善于实践的典范。朱九思提出“敢于竞争，善于转化”，“科研要走在教学的前面”，大力加强科学研究；杨叔子坚持“高筑墙，广积人”，大力加强师资队伍建设；周济实践“以服务求支持，以贡献求发展”，大力发展社会服务等。正是历届领导者励精图治，实践创新，硬是把一所名不见经传的大学建设成了一所国内外知名的大学。由此可见，大学领导者应该是实践者。他不一定是管理学科的专家，但深谙教育管理之道，善于行政管理，精于用人之道，具有解决和处理各类大学矛盾的能力。

他不一定是专门的政治家,但能够把握大学正确的发展方向,提出适合大学长远发展的办学思想与理念,用先进的办学指导思想推进大学的建设、改革与发展。

修炼底气,须敢成功。成功的大学,领导者会更有底气,有底气的领导者会把大学引向更加成功的境地。正是由于哈佛校长艾略特、劳威尔、柯南特、博克等人成功地将哈佛引向了成功,才使哈佛大学更有了底气;也正是哈佛大学的不断成功,才使哈佛大学的校长更有底气,从而进一步引领大学从胜利走向新的胜利。

大气是一种智慧

一个优秀的领袖还必须有大气。大气,就是大气度、大胸怀、大气魄,大爱心。大学应该有大气。江泽民同志在北大百年校庆时讲:“大学,应该是培养和造就高素质的创造性人才的摇篮,应该是认识未知世界、探求客观真理、为人类解决面临的重大课题提供科学依据的前沿,应该是知识创新、推动科学技术成果向现实生产力转化的重要力量,应该是民族优秀文化与世界先进文明成果交流借鉴的桥梁。”完成这一使命,“大学的党委书记和校长,应该成为社会主义政治家、教育家。”因此,大学领导者应该有大气。

修炼大气,须有大视野。大学之大,根本取决于它的两大直接产品:学术和学生,以及铸成这两大产品的模具:学者、学长和学风。因此大学之大,乃在于学术之大、学生之大、学者之大、学长之大、学风之大。大学领导者要有宽广的视野、开放的精神,兼容并蓄,善于从复杂的现象中看到事物运动的基本态势,抓住基本规律,从眼前的利害中超越出来,突破经验的束缚,对社会需求进行全局的、客观的把握,穿透眼前,看到长远。大学发展的历程证明,大学领导者的视野往往决定大学的发展。纽曼的传统大学观把大学看作是“一个居住僧侣的村庄”,弗莱克斯纳的现代大学观把大学看作是一个城镇,而克拉克·克尔的多元化巨型大学观则把大学看作是“一座充满无穷变化的城市”。可见领导者的视野决定大学的视野。哈

佛大学校长萨默斯以国际视野改革大学教育，强调哈佛新课程改革要给本科生更多的到国外学习的机会。

修炼大气，须有大胸怀。“一个人胸怀有多大，才能做多大的事业。”大学具有天然的包容性：首先是学科包容。大学包容了传统基础学科，还包容了跨学科、边缘学科和应用学科，甚至为那些已经乏人问津的学科以及尚未获得广泛承认的学科与知识领域留有一席之地。其次是学者包容。大学包容各种各样的学者和学生，甚至为个别行为、个性和思想方法奇特的学者创造宽松环境，使他们按自己的习惯从事活动。再次是学术包容，即包容学术上的各种不同见解。因此，大学领导者在办学理念上，要有开放意识和世界眼光，以昂扬的气势迎接各种挑战，以仁厚的情感容纳学生，以宽容的精神对待学术，以谦虚的心灵接纳新知识；要在选用人才上，有“海纳百川”的大气，以开放的胸怀招揽人才，以宽广的眼光选用人才；在具体工作上，要有团结友爱的胸怀、互以对方为重的风格，要搞五湖四海，不搞小圈子，做到坦坦荡荡、光明磊落，容人、容事、容言。如果说大楼、大师是大学的硬件，大气则是软件，软件与硬件同样重要。在一定意义上，甚至可以说软件比硬件更重要。1953 年出生的安德鲁·怀尔斯，10 岁时对世界难题费马大定理着了迷，于是立志搞数学。他 32 岁成了普林斯顿大学教授后好像突然消失了，学术会议不参加了，论文也没有，有人说他江郎才尽了，有人说应该解聘他，但普林斯顿大学校长不为所动，仍然聘他为教授，表现出了大学的大爱，终于在 9 年后的 1994 年，安德鲁·怀尔斯破解了费尔马大定理，轰动世界，也使普林斯顿大学声名远扬。

【领袖语录】

气不和时少说话，有言必失；心不顺时莫做事，做事必败。

修炼大气，须有大手笔。有了大手笔，才会有大发展。大手笔，要有大气魄，要有超越、怀疑、批判精神。要超越各种形式的禁锢和守旧观念，挑战各种历史理论和权威，深刻批判与反思，进行前提性追问、主体创造与建构。正是因为洪堡的大手笔才使柏林大学得以振兴，成为研究型大学的

【领袖语录】

遭遇鄙视是因为你对别人有威胁，或者有价值，是值得欣慰的。

楷模，从而使大学具有科学研究的职能；正是范海斯的大手笔，提出“威斯康星州的边界就是威斯康星大学的边界”，才使美国大学得以崛起，从而使社会服务成为大学的第三大职能；也正是蔡元培的大手笔改造旧北京大学，才使北京大学焕发出新的青春活力，成为真正意义上的现代大学。大学领导者要有大手笔，就要敢于有所为，有所不为，有所舍弃，敢于砍掉不适合自己学校发展的东西；有所为，有所先为，有所后为，敢于在自己的位置上创新、创造不可替代的业绩。

锐利的士气

一个优秀的领袖还必须有锐气。《淮南子·时则训》所说的“锐而不挫”，彰显的是不畏困难和挫折的精锐士气。锐气就是要有一股子劲，始终保持一种向上的进取姿态，保持高昂的工作热情和工作韧劲。锐气就是在成绩面前不忘乎所以，在困难面前不灰心丧气，不断适应新形势，研究新情况，解决新问题，做到“苟日新，又日新，日日新”。有锐气，才能有所作为，有所建树。

修炼锐气，须讲批判。大学是知识传递与生产的场所，是新思想的重要发源地。不论是知识的传递与生产，还是真理的探求，都应该建立在大学批判责任基础之上。德国社会学家海因兹·迪特里奇尖锐地指出：“今天的大学是一些被阉割了的机构，大学教育脱离大多数人的生活现实，研究质量低下，教育道德沦丧。”作为大学领导者要弘扬大学的批判责任，鼓励和支持大学继续扮演那种绝对真理、社会公正和道德良心守护神的角色。

修炼锐气，须讲创新。加拿大阿尔伯塔大学校长罗德里克·德·弗雷泽认为，大学领导者的主要职责有三项：第一，吸引最好的学生到学校读书；第二，吸引最好的教职员工到学校工作；第三，为教职工、学生提供足够的资源，营造积极的氛围，使师生能够有效地学习、创造性地开展学术与科研工作,保证他们发挥最大潜力。大学要做好这些工作,没有具备创新意识和创新能力的领导者是不行的。创新是大学保持生命力的关键所在。历史证明,不满足于现状,勇于改革和创新是优秀大学领导者共同的特征之一。哈佛大学原校长劳威尔说在他任校长的 24 年里,有四大创新:一是设立主攻课和基础课制度,二是设立住宿学院制度,三是设立导师制度,四是设立荣誉学位制度。这些都为哈佛大学的进一步发展奠定了基础。

修炼锐气,须养个性。牛津大学原校长纽曼是一个有个性的校长。他认为:大学是传播普遍性知识的场所。知识本身即目的。教育是理智的训练。大学是为传授知识而设的,“如果大学是为了研究,我不知道大学为什么要那么多学生”。他的个性造就了牛津大学的辉煌。柏林大学原校长洪堡认为,大学的基本组织原则就是两条:自由和宁静,教师和学生为科学而共处,自由地进行各种学术上的探讨。他的个性使柏林大学很快崛起。威斯康星大学原校长范海斯认为,大学的基本

【领袖语录】

没有人可以打倒你,打倒你的只有你自己。

任务是把学生培养成有知识、能工作的公民；进行科学研究，发展创造新文化、新知识；传播知识，把知识传授给广大民众，使他们能够运用知识解决经济、生产、生活、政治等方面的问题。这种理念引领大学走出了古典大学的围墙，使大学获得了新的生命。曾经被毛泽东评价为“学界泰斗，人世楷模”的蔡元培，不仅提出了“囊括大典、网罗众家，思想自由、兼容并包”的著名办学方针，铸就了“北大精神”，更重要的是，他具有“外和内介、守正不阿，勇于任事、敢于负责，宽容大度、民主平等，严于律己、廉洁奉公”的个性，改造北大，铸就了北大的辉煌。

领袖素质

远大的理想。纵观历史中的领袖都有远大的抱负，所谓吞吐天地之志。拥有这样的理想才能塑造其人格魅力。人们追随他，绝不仅仅因为他长得帅，而是因为他能带给人们希望，给人们一个远大而美好的憧憬。

大学在青少年成才中的作用

大学箴言

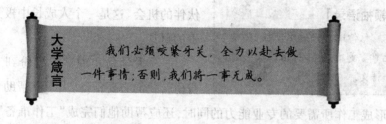

我们必须咬紧牙关，全力以赴去做一件事情；否则，我们将一事无成。

做一个知书达礼的人

大学可以让我们自我发展与完善，大学不仅能帮助学生“读书明理”，更能帮助学生提升修养、品质、智慧。大学教育对于年轻人形成人生观、社会价值观，对于发现和理解生命的意义和人的社会价值有极大的作用。大学是人们的精神家园。

青少年作为明日的社会精英，在大学期间除了读好本科课程外，亦应把握所有机会与同窗多交流，多沟通，以培养人际沟通技巧，学习聆听，也多表达意见。这些同侪间的互动、不断的切磋砥砺，对于培养个人自信心、提高分析和自省能力都有莫大裨益。

大学在现代已经逐渐发展成高等教育系统，由各种类型的高校组成，不同类型的高校的社会职能与社会定位、人才培养目标、对学生的要求、教育教学模式各不相同。就读不同的高校通常与不同的职业生涯发展有着较为密切的联系。选择大学，应当是个人对大学意义与价值和自身发展设想充分认识基础上的理性判断。从一般意义上讲，今天的大学至少能为学习者提供以下服务。

——大学是探究未知世界的场所。具有好奇心的年轻人与致力于探究未知世界的教师结成共同体，大家志同道合，在满足好奇中推动人的发展和社会发展。这样的职能是其他社会机构无法替代的。

——大学是年轻人交往的地方。大学把四面八方、有着各种文化背景、生活体验与经历的学生汇集起来，让年轻人相互交往并且相互学习，为每一个学习者提供发现不同的交往伙伴的机会。这是一个人成长中极为宝贵的财富。

【领袖语录】

信仰比知识更难动摇；热爱比尊重更难变易；仇恨比厌恶更加持久。

——大学是实现学生身份到工作身份转化的必要预备。大学在帮助学生形成工作所需要的专业能力的同时，还应帮助他们完成“工作准备”，形成个人就业的“配置能力”（个人在就业市场上发现机会、自我判断、抓住机会实现就业的能力）。大学对学生在心理、文化、人际交往、专业等方面的训练，正是为了能有这样的“配置能力”。这是推动学生转型为“职业人”的社会化过程。

——大学帮助年轻人获得安身立命的专业能力。高等教育往往决定多数人终身的专业方向和职业领域，它帮助学生形成专业化的劳动能力，在今天这样分工高度专业化的社会，专业教育具有关键作用。

做适应社会需要的人

现代大学将越来越难以提供人们曾经期待的那种“社会地位配置”作用，而“回归”教育机构的本质。所以，大学生要认真把握大学能提供什么和自己需要什么，在大学里努力提升综合素质和专业能力，给自己的未来加注尽可能多的“能源”。

随着世界格局的变化，特别是东西方阵营的瓦解和各国发展模式的调整。原有政治主导或经济主导的状况相应改变。大学的普及成为影响青少年发展的重要因素，也引起青少年组织与社团的高度重视。大学为青少年学习提供动力的同时，为青少年组织与社团开展各种服务、活动、教育提供了机遇。

领袖素质

超常的适应能力。领袖的路并不一定是一帆风顺的。有前呼后拥的壮观场面，也有独自一人的低谷阶段。能够适应时局的起落变化，不被挫折打倒，不被胜利冲昏头脑是领袖的生存之道。

伟人的性格特点

大学箴言

坚持下去，成功就在下一个拐角处等你。

非智力因素的作用

现代心理学研究表明，一个人的非智力因素（性格是其中一个重要方面）在一个人的成才中占有十分重要的作用。一个人具有优良而成熟的性格就能最大限度地发挥自己的精神力量，并能与环境中的他人建立和谐良好的关系。一个人的性格还是其自身品德、世界观的具体标志，是其精神面貌的综合反映和集中体现。

有人对享有盛誉、成就卓著的领导人的性格进行了研究，发现他们共同的性格特征是：实际、客观、求善、创新、坦诚、结交、爱生命、重荣誉、能包容、富有幽默感、悦己信人。这些性格特征是他们造福于人类的信仰的体现，对支持他们始终如一地为实现信仰而奋斗起了重大作用。

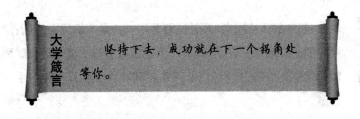

美国心理学家台尔曼对 150 名事业有成人士进行研究，发现性格因素与他们的成功有着密切关系。他们往往具有以下共同性格特征：第一，

为取得成功的坚持力;第二,善于积累成果;第三,自信心强;第四,不自卑。考克斯对1450年至1850年400年间所出现的301位伟人进行研究,发现他们都有以下优秀性格特征:自信、坚强、进取、百折不挠等。

在社会实践中,对不同职业者还有不同的职业性格要求。例如,做医生要有严谨、认真、细心、安定的性格;做企业家要有独立、进取、坚强、开放、灵敏等性格;而作为军人就要有勇敢、坚强、果断、自制、机智等性格。不具备相应的职业性格特征的人,往往难称其职。

在日常生活和人际交往中,热情、真诚、友善的人受欢迎,生活也幸福;冷漠、虚伪、孤僻、不负责任的人受冷落,生活也多有不幸。

信念的作用

信念,是一种心理因素。信念领导力是战胜挫折、赢得机遇的前提,也是切实的方法。自信的人首先忠诚于自己的信念,这种信念融入你的言行、举止,让你的举手投足都在辅助你的语言所表达的信息,因而让人们相信你的能力和人格。作为一个领导者,信念坚定是战胜工作中的困难,力排干扰,把握时局,打开局面,果断决策和树立领导威望的一个重要的心理优势。

有了信念,才能以最佳心态开展工作、履行职责;有了信念,才能以饱满热情开创事业、完成使命。运动员在赛场比赛,要争得第一,争得一流,不可没有信念;求职者在人才市场应聘,要技压群芳,求得赏识,不可没有信念。一名领导干部,无论是作竞职演讲,还是就职表态,必须保持良好的心理素质和精神状态,以坚定的口气、热情的态度、积极的表现来赢得上级和群众的支持。

自信是一种认识和态度

自信是一种认识和态度,也通过人的风格来表现。美国形象设计大师鲍尔说:“成功男人的风格反映在外表,而优雅来自内在,它是你的自信及对自己的满意,它通过你的外表、举止、微笑展示。”自信并不一定是天生具有的，它可以通过后天的培养而产生。如果你在生活中认真观察，你会发现这种自信是有感染力的。

心理学家发现，外向的性格和信念是吸引和保持朋友的重要原因。由于自信，朋友和同事愿意跟随着你，上司也会对自信的人高看一眼。因为你具有自信的气势，让别人相信你能把任何事都变成现实。然而信念却不一定需要用语言来表达，它通过你的神态、语气、姿势、仪态等等，无声无息地、由里向外地散发着魅力。

领袖素质

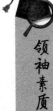

服务大众的态度。领袖并不一定要用暴力主宰一切，事实上暴力统治一般不能长久。长久的领导艺术需要懂得如何服务大众，满足大众。

大学为伟人提供了成才的环境

大学箴言

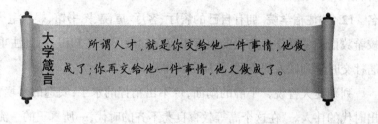

所谓人才，就是你交给他一件事情，他做成了；你再交给他一件事情，他又做成了。

环境对人的心理和行为具有普遍制约作用。系统论认为，环境是第一个在系统周围能够广泛产生作用的场所和条件。人的心理机能是对环境的长期适应的结果，人的心理和行为取决于当前的刺激、个性特征、整个环境及特征。同时，环境与人的心理和行为是相互作用的，这种关系不仅表现在人类生存的自然环境与人的心理与行为的相互作用，也表现在社会环境与人的心理和行为的相互作用，环境对人的心理、行为产生普遍的制约作用，人的心理、行为又导致环境的改变。

心理学家考夫卡在其《格式塔心理学原理》一书中提出环境分为现实的地理环境与个人意想中的行为环境，他认为行为产生于行为环境，受行为环境的调节。另一位心理学家勒温在《拓扑心理学原理》一书中提出

动力场理论，该理论中的生活空间是指人的行为，也就是人和环境的交互作用。勒温所指的环境是指心理环境，是与人的需求相结合在人脑中实际发生影响的环境，由于人的需求的作用，使生活空间产生了动力，勒温称为引力或斥力。由于生活空间具有的动力，人的行为就沿着引力的方向向心理对象移动。

大学为伟人们提供了一个“宽松”与“紧张”适度平衡的环境。大学的环境往往会创造出一种特有的氛围。耶鲁大学模仿英国牛津大学和剑桥大学的模式，从 20 世纪 30 年代开始实行的“住宿学院”制沿袭至今，每个“住宿学院”有 300～500 名本科生，男女比例对等，配有院长和学监各 1 名。12 个“住宿学院”拥有自己的餐厅、客厅、庭院、图书馆、娱乐室等。学校希冀借此使其学生所受的教育不仅仅局限于课堂知识，而且注重在起居社交时学到做人的道理，并从中获得终身的友谊。

列别捷夫曾说，“平静的湖面，炼不出精悍的水手；安逸的环境，造不出时代的伟人。”在这个高等教育良莠不齐的时代，一所真正的一流大学所能为国家和民族乃至整个社会做出的贡献是不可估量的。

领袖素质

引导舆论的能力。不得不承认，所有的领袖都要有非常好的口才。他必须时刻掌握舆论导向，让思想意识统一在自己的领导方向上。在管理学中，领袖是人际角色中的一类，有着激励和指导团队成员的责任。

第一章　认识剑桥大学

剑桥大学(University of Cambridge)成立于1209年。剑桥大学和牛津大学(University of Oxford)齐名,为英国两所最优秀的大学,被合称为"Oxbridge",是世界十大名校之一,有89位诺贝尔奖得主出自此校。

第一课 剑桥大学的历史

剑桥名言

科学使我们为善或为恶的力量都有所提升。

据传说，剑桥大学成立于1209年，最早是由一批为躲避殴斗而从牛津大学逃离出来的学者建立的。

大学的31所学院都是独立的教学机构，享有很大的自治权。例如，各学院可自行决定录取学生（虽然这项政策在2003年曾被重新检讨过），并对学生和教职人员的福利及教学自主安排。他们还可以任命自己的研究员或教授。很多学院都比较或非常有钱，但是剑桥大学本身却资金短缺。

剑桥大学的第一所学院彼得学院于1284年建立，其他的学院在14世纪和15世纪陆续建立，但是还有一些已经合并或不存在了。

1536年，实行宗教改革的亨利八世下令学校解雇其研究天主教教规的教授们，并停止教授“经院哲学”(scholastic philosophy)。从此剑桥大学的教学和研究重点从宗教和神学转为希腊和拉丁经典、圣经和数学。今天的剑桥基本上涵盖了所有的科学、人文学科。

最早为女性所设立的学院是1869年成立的格顿学院和1871年成立的纽纳姆学院。第一批女学生在1882年参加了学校的考试，但是直到1947年女性才被接纳为学校的正式学生；而牛津大学在70年前就已经这么做了。在所有的31所学院中，目前有3所学院只收女生，分别是：露西·卡文迪什学院、新大厅学院和纽纳姆学院；还有4所学院只收研究生，分别是：卡莱尔大厅学院、达尔文学院、沃尔森学院和圣埃德蒙学院。

尽管在剑桥创建大学的情况模糊不清，但根据记载：面对怀疑的市民，一群教师和大学生成功地争取到了王室和教会的保护，这是不稳定时代的基本条件。最迟1225年左右，剑桥的教师们就从他们当中选出了一位校长，他的权力得到了亨利三世国王的批准，大学的自主管理就由此而来。不久之后，1233年，格列高利九世教皇也批准了；而这种教会特权牛津大学直到1254年才享受到。说起这一点，剑桥大学的档案员伊丽莎白·丽德哈姆·格林洋洋自得。然而，更重要的是，亨利三世及其继承人的法令确保了这两所大学的垄断地位。一直到19世纪，整整600年，牛津大学和剑桥大学都是英国仅有的大学。欧洲其他地方没有哪里有这种垄断地位。

【剑桥大学的师资力量】

目前在剑桥大学工作的教职员工共7000名，教师中有7名诺贝尔奖获得者，英国皇家学会会员近百名，95%的教师拥有哲学博士学位。有学生16900名，其中包括7000名研究生，72%的研究生来自其他大学。

1284年，艾利修道院的休·德·巴尔夏姆主教创办了剑桥大学的第一所学院——彼得学院。学院章程依照的都是比牛津大学早20年的主教学院、默顿学院的模式。彼得学院设有一位院长和14名院士，两位大长老负责每天的礼拜，两名财务主任负责财务管理，还有一位募捐负责

人，能付得起钱的时候还请有一名门房。除去二三名贫困学生，这是一个获得学位者的群体、一个高级大学生机构，按照的是巴黎索邦学院的模式。直到爱德华二世创建的国王学院，才在14世纪初期形成了指导性方案：以学院作为学生的学习和生活集体。人们称那些学生为“国王的孩子们”，他们确实还是孩子，入学年龄仅14岁左右。

和中世纪所有的欧洲大学一样，在剑桥大学，基本课程设有7门“文科”，人们也称它们是“不能谋生的艺术”：老一套的语法、逻辑学和修辞学三门学科，然后是算术、音乐、天文学和几何学四门学科，另有三门哲学：玄学、道德哲学和自然哲学。7年学习后，谁通过了文科考试，就成了文科硕士，有权授课。可是，如果有谁想成为法学、医学或神学博士，在王室或教会发展，他们就得再熬过10年——整整17年，没有分文助学金。

在中世纪的大学城市里，“市镇”和“学院”之间的摩擦算不上什么了不起的大事。早在1231年，亨利三世国王就代表大学生们向剑桥市长抱怨房租太高了。反过来，市民们又对大学的各种特权不满，从对酒馆营业执照的监督到自己享有审判权，这是13世纪以来所有的英国君主即位时答应这两所大学的——这一形式一直持续到伊丽莎白二世女王统治时期。愤怒积聚起来，1381年，农民暴动袭击了剑桥大学。暴民们在市长的率领

【剑桥图书馆】

最有名望的还属藏书丰富的剑桥大学图书馆(University Library)，该图书馆是英国境内为数不多的所谓“版权图书馆”(Copyright Library)之一，据说英国每出版一部新书，都会送一册到这里收藏。图书馆内更有不少罕见的珍本。学习环境和设备都十分理想。

下抢掠了大学生宿舍、学院和圣玛丽学院里的大学保险箱。文献被毁，文件和图书被堆在市场上烧掉了。暴民们高喊：“不要牧师们教书，不要!”

这期间大学建起了它的第一幢大楼，有课堂、会议室、图书馆和管理大楼的老学堂(1350—1475)。别的学院都围绕着这个学院，包话卡莱尔学院、一学堂、冈维尔学堂。剑河边的仓库、造船厂和码头也渐渐地消失了。1500年前后，剑桥有十几所学院，大多数位于高街和剑河之间，南起已经位于城墙外的特兰平顿门旁的彼得学院，北至后来的三一学院和圣约翰学院的所在地。这一发展很明显：大学在城市西区扩张，东区仍然以town(市民)为主，而不是gown(学袍)。

将伊拉斯谟召来剑桥大学的是他的朋友约翰·费希尔，费希尔在这一发展中起了关键作用。他是王后学院的院长、罗切斯特主教，担任大学校长30年，是一位学者和影响巨大的组织者，而且还是亨利七世的母亲玛格丽特·博福特夫人的忏悔神父。这位虔诚的院长不是建议她将财产捐给威斯敏斯特修道院，而是建议她将她的灵魂的救赎和剑桥联系在一起：先是捐助一个神学教授席位(1502年)——剑桥最早的教师职位，然后是一所学院——基督学院(1505年)，身后又捐建了第二所学院——圣约翰学院(1511年)。亨利七世完成国王教堂也要归功于约翰·费希尔的参与。巨额的捐助，学生人数的增加，人道主义的教学计划，这一切使剑桥大学在几年内上升为一所欧洲级

别的大学，首先是和牛津大学处于同等水平。约翰·费希尔是位改革家，但他信奉正教。他将温和的伊拉斯谟召来了剑桥，让人公开焚烧马丁·路德的作品。到头来他自己站在了断头台上。他的对手中包括一位耶稣学院从前的院士、坎特伯雷大主教托马斯·克兰默。他提醒亨利八世国王，说剑桥大学的神学家们同意对棘手的教会权益的决定权做出有利于他的解释。在威胁性的强迫之下，大学同意了，但大学校长不同意。1535年，约翰·费希尔被当作大叛徒处决了，400年后他又被奉为圣徒。

在君主制复辟之后，统一行为又恢复了英国的旧规定。王室的宠儿被指派来担任大学校长。对教师的雇请也连续几十年反映了王室继承人在新教和天主教之间的信仰变换。在此期间，能够以笛卡儿的坚定不移进行研究和教学的不光是剑桥的柏拉图主义者们，一个自由宗教哲学组织："道理是主的烛光。"信仰寻找理性的理由，理性发现了一种新的宗教——自然科学。伦敦皇家俱乐部成立(1660年)后设立了数学、化学和天文学的教授席位。艾萨克·牛顿这颗明星在剑桥上空闪耀。但学生们最热烈的争论是在咖啡馆里举行的，清教徒们和理性主义者都在那里享受这一新的时髦饮料，享受清醒的狂欢。学说、学院的流言蜚语、学生诗歌，不久又有了第一批报纸，都在咖啡馆里流传。这些网吧的先辈变得如此流行，校长和院长们不得不于1750年颁布禁止上午就去咖啡馆的禁令。不同于牛津的是，当时剑桥和伦敦之间的往来还相当少。直到1792年才有了一辆直达的定班邮车。伦敦至剑桥这一段要走7小时15分钟。

18世纪，王室和议会进一步听任大学自主管理。教师和学生们干他们最想干的事：学习、享乐。他们去钓鱼和狩猎，去咖啡馆，看演出，逛妓院。妓女们懂得，集中在一起的这些禁欲的院士和大学里的年轻壮士是个有利可图的市场。在圣约翰学院的教师公用室里，在乔治时代的学院布景里，还能对这个风

【卡文迪什实验室】

剑桥大学的卡文迪什实验室是20世纪物理学的发源地之一，它相当于剑桥大学的物理系。迄今，卡文迪什实验室先后共有26位科学家获得诺贝尔奖，因此在世界上享有"诺贝尔奖金摇篮"的称号。

雅和铺张的时代有所感觉。弗吉尼亚·伍尔夫的父亲莱斯利·斯蒂芬称之为“这个极其舒适和令人尊敬的世纪”。打瞌睡的教师和狩猎、酗酒的大学生的画作是当年的剑桥大学毫无创意的作品。早在那时候，古怪的贵族子弟们的越轨行为就比读书人的驼背更受人尊敬。然而，大多数学生来自贫困家庭，他们辛苦工作，希望最终至少能得到一个谋生的牧师位置。乔治时代剑桥大学的许多教授不举办讲座或不在学校。

1869年，当埃米莉·戴维斯小姐开始教授5位女生时，她的这一起点既很低又很重要。格顿学院是大英帝国的第一所女子学院，两年后纽纳姆学院也兴办起来了。让年轻姑娘们获得思想和社会自由这会带来什么后果？这可不是维多利亚社会所理解的进步。剑桥大学的教授们渐渐习惯了有妇女参加他们的讲座。不过，阿瑟·奎勒·库奇爵士坚持用“先生们”称呼他的男女混杂的听众。早在1890年就有一位女生在同年级考试中独占魁首。但她还要很长时间都拿不到学位，评议会的先生们反对授予她学位。剑桥大学是最后一所同意妇女享有完全平等的大学教育权利的英国大学，从选举权到学位颁授典礼。这一年是1948年，比牛津大学晚了28年，这也是

一项纪录。作为剑桥大学的男子学院，国王学院和丘吉尔学院率先于1971年招收女生，莫德林学院是最后一所(1987年)。

在“我们男女生混杂”的那些英雄的年代里，圣约翰学院的门房负责人说道：“我的前任鲍勃·富勒戴着黑色袖章，我们的院旗降半旗在空中飘扬。”今天，在剑桥大学，女生所占比例超过了三分之二，但只有百分之六的教授是女性。

1861年，人们注意到了第一位已婚教师，这显示剑桥大学在渐渐地脱离中世纪。一年前这所大学正式取消了禁止院士结婚的规定。由于各学院有权自主决定此事，直到1880年之后，院士们的结婚愿望才取得了成功。这给剑桥带来了一场建筑和婴儿的小小兴旺。院士家庭日渐增多，当为它们修盖新房时，一种生活形式——院士和学生同居一室的共栖现象——在各学院里走到了尽头。

第一次世界大战期间，剑桥是一座卫戍城市。护士们住进了学院里，战地医院设在板球场上。不久，礼拜堂里就开始没完没了地举行悲伤的追思祷告了。

到1918年11月11日圣玛丽大教堂敲响宣告停战的钟声为止，仅剑桥大学就有2000名学生阵亡。20年代的情形，仿佛爱德华时代又回到了学院里，永远年轻、迷人的鲁珀特·布鲁克的精神，美人和智者围聚在他周围，一个撑船比赛、五朔节集会和布鲁莱利口酒的世界。

两场大战之间的剑桥是一个快乐优雅和知识论争的地方，代表人物有伯特兰·罗素、梅纳德·凯恩斯、路德维希·维特根斯坦。哲学、经济和自然科学发达，学生戏剧和道德科学俱乐部赫勒蒂克斯或所有俱乐部中最高档的信徒俱乐部等辩论协会也很兴旺。

希特勒的上台让这些争论变成了血淋淋的现实。弗吉尼亚·沃尔夫的侄子朱利安·贝尔及其朋友约翰·康福德就属于在西班牙内战中阵亡的年轻的剑桥志愿者，书包里装着《资本论》。

1933年后，很多大学生和教师觉得马克思主义是唯一值得钦佩的选择。国王学院的院士、历史学家埃里克·霍布斯鲍姆甚至直到1990年都还是共产党员。不光是克格勃在剑桥知识分子这个优秀环境里征召像基姆·菲尔比和安东尼·布兰特这样的名间谍，英国情报部门也在那里为它的布莱奇利公园里的密码破译小组找到了了不起的人才，首先是数学家艾伦·图灵，他为破译德国国防军的恩尼格玛密码做出了重要的贡献。

仅仅在1938年至1939年，就有近4万犹太人逃亡到英国寻求避难。他们中有一位是来自蒂宾根的18岁的戈特弗里德·埃伦伯格，他以杰弗里·埃尔顿的名字在剑桥成为国内最重要的都铎史历史学家之一。在希特勒时代，只有十分之一的避难申请者能被英国接受，这是限制性英国移民政策的结果。

大学援助委员会是个于1933年开始工作的援助组织，当时，在它的帮助下，首先是流亡的自然科学家在剑桥找到了避难所，其中有维也纳化学家马克斯·佩鲁茨，他于1947年建立了享誉全球的分子生物学实验室。因为他的毕生事业——对血红蛋白的研究，佩鲁茨于1962年和他的同事约翰·肯德鲁一起荣获诺贝尔奖。

在英国和欧洲大陆，高校教育的大众化和平庸化只能对埃诺尔·安南这样的剑桥捍卫者为精英大学“龙生龙凤生凤”的辩护词起到支持作用。这位英才，他以看似无政府主义的风格对待现实问题，顽固得近乎游戏地展示他的高超技术，于1998年举办了剑桥大学抒情诗竞赛。为了赢得自18世纪以来颁发的、以彼得学院的一名院士的名字命名的威廉·布朗男爵奖章，必须作诗两首：一首以“因特网搜索”为题材的古希腊语颂歌和一首论克隆技术的拉丁语诗歌。

剑桥大学的辍学率至今仍是全英国最低的。

第二课 剑桥大学的组织机构

剑桥名言

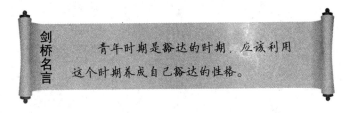

青年时期是豁达的时期，应该利用这个时期养成自己豁达的性格。

剑桥大学是世界十大学府之一，89位诺贝尔奖得主曾在此执教或学习。剑桥大学位于风景秀丽的剑桥镇，著名的康河横贯其间。剑桥大学有31所学院（其中有3所女子学院）、4所专门的研究生院。各学院历史背景不同，实行独特的学院制，风格各异的35所学院经济上自负盈亏；剑桥大学负责生源规划和教学工作，各学院内部录取步骤各异，每所学院在某种程度上就像一所微型大学，有自己的校规校纪。

剑桥的许多地方保留着中世纪以来的风貌，到处可见几百年来不断按原样精心维修的古城建筑，许多校舍的门廊、墙壁上仍然装饰着古朴庄严的塑像和印章，高大的染色玻璃窗像一幅幅瑰丽的画面。剑桥大学有教师(教授、副教授、讲师)1500余名，另外还有1000余名访问学者。剑桥大学共有学生18000余名，其中包括800余名研究生，72%的研究生来自其他大学，研究生中42%是国外留学生，女生占36%。大学校长为女王丈夫菲利普亲王(他同时兼任牛津大学校长)，设一名常务副校长主持日常工作。

【剑桥大学特色】

剑桥大学历史古老悠久，至今它仍和牛津大学一样保持着独特的学院制。这种独特的学院制始于16世纪末期，特点是学院属于大学，但是不由大学管理，而是作为独立自治的团体法人，由院长及院士共同管理。

几百年来，剑桥大学以其优异的教育质量著称于世。这里英才荟萃、星光灿烂。且不说自然科学家的长长名单，就是在社会科学方面也培养出一批栋梁之才。哲学家培根（他的名言“知识就是力量”）、经济学家凯恩斯、历史学家特里维廉、文学家萨克雷都曾负笈剑桥，终成泰斗。该校的弥尔顿、拜伦、丁尼生等人更是诗国的桂冠和骄子。剑桥还哺育出13名首相。印度前总理尼赫鲁、英国王储查尔斯也曾在这里就读。牛津、剑桥的毕业生遍及政界、商界和学术界。有人说，牛津、剑桥统治着英国，看来确有几分道理。

剑桥大学各学院分散在全城各处，没有通常意义上的完整校园。但是又可以说整个剑桥市都是它的校园。因为市中心几乎被学院所包围，好像成了剑桥大学的生活区。看吧，这来来往往的，不都是莘莘学子吗！街上的店铺大多是书店文具店，出售学生们应用的东西。这里还有专为学生做传统学袍的服装店呢！至于小酒馆，也是学生们侃大山、发牢骚的地方。

剑桥大学还流传着许多传说，其中最著名的一个是有关王后学院的数学桥的。传说该桥由牛顿所建，整座桥原本没有使用一个螺丝，但是后来一个好奇的学生把桥拆掉研究，却无法按原样装回去，只能用螺丝钉重造了这座桥。这个故事是假的，因为数学桥是在牛顿死后22年才建起来的。真正的情况是，该桥最早是用铁钉连接，比较不明显，但是现在新造的这座桥用的是螺丝。

组织结构

剑桥大学主要由中央行政机构、科系和学院三个部分组成。科系负责向学生提供课程、组织讲座，在监督委员会监督下进行研究和教学工作。每个科系的学者们来自不同的学院。剑桥大学是一所书院联邦制大学，由35所自治独立的学院组成，每个学院拥有独立的资产和资金来源。大部分学院的学者和学生来自不同的学术领域，但一些学院有特定的学术强项，例如冈维尔与凯斯学院的强项是医学和工程。

剑桥大学的设施也因此分作三个部分。例如图书馆，中央行政机构设立有剑桥大学图书馆，每个科系和学院都分别设有自己的科系图书馆（例如斯奎尔法学图书馆）和学院图书馆。

剑桥的35所学院错落有致地分布在只有10万人左右的小镇里。这些学院建于不同的时代，最早的已有七八百年历史了。就像它们的建筑一样各具特色，每所学院都有各自的风格和独立的个性。

大学与学院虽相辅相成，却是不同的实体，在经济上也是独立的。大学是公有制，由国家拨款，而学院则为私有，自谋生路，自负盈亏。大学负责研究生招生；而学院则负责本科生招生，数量则由大学统一规划。所有学生的教学是由大学负责的，而学院负责学生的生活和本科生的业余辅导。每年年底，大学按照各学院本科生的成绩，按一定规则打分，把学院排队，促使学院之间相互竞争。

剑桥大学的校长是由学校参议院选举产生的，一般都由社会上受人尊敬、有名望的人担任。校长一职是象征性的，校长很少介入大学事务，一般只负责颁发荣誉学位和出席学校的各种庆典等，虽然他也可以给副校长和大学管理人员提供建议。真正负责大学日常事务的是副校长，由大学会议(Council)提名，剑桥摄政院(Regent House)投票任命。副校长下面还有多位助理副校长，负责专门的领域，协助副校长主持日常工作。

摄政院是大学最高立法与权力机关，由各学院的教职人员组成，有大约3000名成员。他们可以制订或修改学校规章、章程，投票任命副校长、大学会议成员、颁发学位和荣誉学位。决策的制定分两种：第一种是较简单、意见统一的动议(如任命副校长和大学人员)，一般都由大学会议提出，在剑桥校刊上发表公告，如果在10天内没有一定数目的摄政院成员反对，就算通过。而如果是由大学会议以外人士提出的比较复杂、重大的动议，则也是由提案人先将动议发表在校刊上，然后举行公开辩论，最后在提案人考虑过所有意见后，建议摄政院修改提案，然后再发表在校刊上，如10天内无一定数目的摄政院成员反对就算通过。但如果有一定数量的成员认为有必要，则摄政院需举行投票。投票是通过邮寄方式完成的。当摄政院召开会议时由校长主持，如果校长不在则由副校长主持，如副校长也缺席则由其指定的某一学院院长主持。现在几乎所有的事务

【剑桥大学特色】

剑桥大学各学院有自己的领导机构和章程，但其章程服从大学章程中的有关规定，上至行政、财务，下至招生、教学，学院都有很大的自主权，可按自己的章程行事，但学院章程未经大学及枢密院同意不得改动。

都不必开会就可解决，但每年6月份必须召开4次会议，核准学位的颁发。此外，如果剑桥大学需要颁发荣誉学位，之前摄政院也需开会表决。

剑桥大学参议院曾经是大学最高立法机关，但是目前唯一的职责是选举校长。参议院成员包括所有获得剑桥大学硕士以上学位的学生或教授。大学参议院成员必须拥有研究生或更高的学位，负责选举产生大学校长和英国下议院剑桥大学选区的成员，直至1950年这一规定被废除。在1926年以前，参议院是大学的行政部门，履行现在摄政院的职责。大学摄政院是大学现在的行政部门，成员包括大学校长、高级管家、副高级管家、大学代表和来自大学和学院的高级成员。

大学会议全称参议院会议，负责日常行政工作，成员共21人，包括校长(但一般不出席)、副校长和19名由选举产生的成员。19人包括4名学院院长代表、4名教授代表、8名来自摄政院的其他成员和3名学生代表(其中至少有1名是研究生)。前三类成员由摄政院选举产生，学生代表则由学生选举产生。大学议会是大学政策制定和执行机构，定期要向摄政院汇报，并监督制衡摄政院的权力职能。大学议会有权向摄政院报告大学普遍关注的问题，并通过大学官方杂志将问题公布。自从2005年1月，大学议会有两位校外成员；2008年3月摄政院投票将议会校外成员增加至4位，并于2008年7月得到女王批准。

大学理事会负责大学的学术和教学工作，由议会负责管理。理事会同时管理大学不同科系的理事会，通过这样的方式大学的不同部门都由中央行政机构管理和监督。

剑桥小百科

剑桥大学所处的剑桥(Cambridge)是一个拥有10万居民的英格兰小镇，距英国首都伦敦不到100千米。这个小镇有一条河流穿过，被命名为“剑河”(River Cam，也译作“康河”)。早在公元前43年，罗马士兵就驻扎在剑河边，后来还在剑河上建起了一座大桥，这样，河名和桥加住一起，就构成了剑桥这一地名。绝大多数的学院、研究所、图书馆和实验室都在这个镇上，此外还有20多所教堂。

第三课　剑桥大学的传统与背景

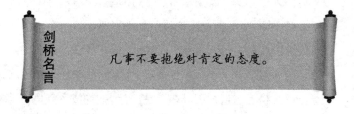

剑桥名言

凡事不要抱绝对肯定的态度。

古怪的传统

20世纪六七十年代，剑桥三一学院盖了个新厕所。校方料到一定有校间文学家出现。于是，学校干脆把厕所的墙弄成黑板，并且把粉笔放在那里备用。厕所文学于是大批出笼。不过，很容易擦，每天擦一遍就可以了。

剑桥有一堆怪人，比如维特和斯坦。他们在教书的时候，是喜欢躺在地上，脱了袜子，眼睛对着天花板，无视周遭的环境来教书。维特的女秘书跟他学习打字，打着打着，这个女秘书后来成了剑桥的教授。

【剑桥大学特色】

最为重要的是剑桥大学的各个学院错落有致地分布在只有10万人左右的小镇里。这些学院建于不同的时代，最早的已有七八百年的历史了。每个学院就像它们的建筑一样各具特色，都有各自的风格和独特的个性。

学院科系有自己古怪的规定。比如，一个学生规定要在学校住多少夜，学生可以晚归，晚归可以翻墙回校，但是不可以不归。学生可以不上课，而教师要尊重学生不上课的自由。每个人都会告诉你说，这是因为传统。

深厚的宗教背景

剑桥和其他古老的欧洲大学一样，自然而然地产生发展于中世纪后期的基督教土壤，教会和教堂曾长期主宰大学的精神生活。

剑桥办学始于13世纪初，稍晚于牛津。剑桥属伊利(剑桥北面一小市镇名)主教区管辖，因而剑桥第一个学院彼得学院在1284年由伊利主教创办。1318年，教皇约翰第二十二世下诏将剑桥提升到“总学”的地位，剑桥大学由此而“受洗”成立。

到了16世纪末，剑桥已有十几所学院。无所不在的宗教气氛可以从学院的名字看出来。英国的王室贵族好出资办学，亨利六世于1441年创办国王学院，目的是“破除异端邪说，增加教牧人员数目，提供主持宗教事务者，他们的生活和信仰将为国王的臣民树立榜样”。既然培养学生就是培养教士，神学当然是最重要的科目。数学家巴娄为了投入神学研究，在39岁的时候让才二十几岁的学生牛顿来继任卢卡斯数学讲座教授（现任该讲座教授的是斯蒂芬·霍金），牛顿晚年也是一心阅读神学著作。达尔文本想做牧师才去剑桥读神学，想不到一次次陪植物学教授亨斯罗散步聊天，毕业后经亨斯罗介绍随“比格尔”号船出海考察，踏上了发现进化论之路。

19世纪中叶前，剑桥大学和牛津大学的学位只授予宣誓信奉英国国教39条信纲的毕业生，学院的院士更不能对国教存有任何怀疑。由于僧侣传统的影响，剑桥各学院院士一直到1882年才被允许结婚。

20世纪是世俗化的世纪。剑桥较年轻的学院不再以宗教为学院生活的灵魂，如丘吉尔学院的教堂地处学院边缘,达尔文学院甚至没有教堂。尽管如此,剑桥学生仍时时意识到宗教的存在。一个学年分三个学期,分别称作米迦勒学期、四旬斋学期和复活节学期,这些名字都有浓浓的宗教气息;在一些正规场合(如晚宴)需套上黑色罩袍,而学院院长会念上一段或一句拉丁文祷词;位于剑桥市中央的属于大学的圣玛丽教堂常有精选的布道和演讲;不少学院有自己的唱诗班或合唱团,它们经常演出弥撒、安魂曲等宗教声乐作品。100多年前的一个星期天上午,美国小说家亨利·詹姆斯来到国王学院教室,身穿白袍、系着红领带的唱诗班正在为下午要唱的晚祷做准备,纯洁的童声缓缓升腾而上,直抵美轮美奂的扇形拱顶,扩散收束,止于崇高的寂静。詹姆斯说:“这绝对是天使的合唱。”

浓厚的宗教背景是不是滋养了学术传统?在求知求真的路上也许需要的是修士般的虔诚和献身精神。

第四课 剑桥名人榜——新加坡国父李光耀

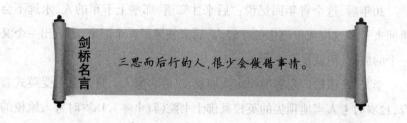

剑桥名言

三思而后行的人，很少会做错事情。

个人简介

李光耀，新加坡华人，为新加坡前任总理、曾任国务资政以及内阁资政。为新加坡的独立及崛起做出过卓越贡献，被誉为“新加坡国父”。

李光耀不仅是新加坡的开国元老之一，也是现今新加坡政坛极具影响力的人物之一。

2011年5月14日，李光

耀宣布退出新加坡内阁，标志一个时代的终结。

【剑桥名人语录】

广义地说，最渴望权力之人就是最可能获得权力之人。

1941年年底，新加坡被日军占领。第二年2月初的一天，在贾朗·普莎鲁的收容所里，一群人在接受身体检查。查完后，青壮年男子都被送上卡车，看来像是要送去当苦力。

车上一个高个子青年发觉卡车看守得很严，不像是开往工地，他预感不妙，便瞅准看守的疏忽，偷偷地跳车逃跑了。

20年后，这个青年回忆说："后来才知道，那些上卡车的人，永远不会再回来了。"这位死里逃生的年轻人，后来领导了一个国家，创造出一个又一个的成就，他就是李光耀。

李光耀，祖籍广东省梅州市大埔县，汉族客家人。自幼就接受英式教育，12岁时考入当地顶尖的英校莱佛士书院（初中部），18岁时考入原校的高中部，但在日军占领新加坡后中断学业。战争结束后，李光耀荣获大英帝国女王奖学金，并开始赴英国留学。

在留学英国初期，李光耀就读于伦敦经济学院，并在学习时受到导师拉斯基的社会主义理论影响，逐渐展现反殖民统治倾向。

在伦敦经济学院学习3个月后，李光耀转到剑桥大学攻读法律，并于1949年毕业，获得"双重第一荣誉学位"，1950年6月在伦敦获得执业律师资格。

1950年9月，李光耀与以前在莱佛士书院的同学柯玉芝结婚。柯玉芝是一位颇有名望的律师，祖籍中国福建省同安县。

李光耀与妻子柯玉芝共育有3个子女：长子李显龙，次子李显扬，女儿李玮玲。

1950年，还在英国的李光耀加入了一个由旅居当地的东南亚人所组成的、以争取马来亚独立为目标的团体"马来亚论坛"。同年8月，李光耀回到新加坡，开始从事律师工作。

1952年，李光耀因为代表“新加坡罢工的邮差”与政府谈判而声名大噪，在工会中建立了群众基础，从而为其将来的从政之路奠定了基石。

1954年10月，李光耀与一些从英国回来的华人、当地受华文教育的左派学生和工会领袖成立人民行动党，参加次年举行的首届选举。这次选举中，李光耀本人顺利当选立法议院议员，开始与新加坡方面的马来西亚共产党负责人林清祥等合作，为新加坡争取自治地位。

1959年6月3日，新加坡自治邦成立，而人民行动党也在自治邦政府的首次选举中成为立法议院第一大党，由李光耀出任自治邦政府总理。此后，李光耀一直希望与马来亚合并成立“马来西亚”，从而为新加坡经济发展提供保障。

1963年7月，李光耀在伦敦与马来亚东姑阿都拉曼（东姑拉曼）政府达成协议，“星马”正式合并。

“星马”合并后，马来西亚联邦政府与新加坡自治邦政府在经济等多项政策上很快就产生严重的分歧。

1964年，新加坡发生种族骚乱，李光耀政府借此指责马来西亚首相东姑阿都拉曼与联邦政府试图推行“种族沙文主义”，企图使马来人在联邦内享有特殊的高等待遇，并在幕后煽动在新加坡的马来人反对新加坡自治邦政府。

联邦政府高层则对此十分反感，也因随后双方多次协商未果，导致新加坡最终在1965年被驱逐出马来西亚联邦，并于8月9日被迫宣布独立。

新加坡独立后，李光耀积极推动经济改革与发展，在其任内推动了开发裕廊工业园区、创立公积金制度、成立廉政公署、进行教育改革等多项政策，成功地使新加坡在30年内发展成为亚洲最富裕繁荣的国家之一。

> **【剑桥名人语录】**
>
> 不用盲目地崇拜任何权威，因为你总能找到相反的权威。这个世界最大的麻烦，就在傻瓜与狂热分子对自我总是如此确定，而智者的内心却总充满疑惑。

今天的新加坡政府以高效

率、廉洁而闻名，人民生活水平较其他亚洲国家高出许多。

1990年，李光耀辞去总理职务，但是留任内阁资政直至2011年5月。他始终提倡“亚洲价值观”，认为亚洲国家不需要完全依照西方的价值观行事。

李光耀因此也一直对西方国家对他专制的批评不加理会，认为西方民主不能强加给亚洲人民。

兴趣爱好

新加坡前总理李光耀知识渊博、兴趣广泛。李光耀从小受英文教育，又努力学习华语和方言客家话，喜欢背诵中国人的四字成语。运动方面喜欢跑步、游泳。

李光耀对数学格外感兴趣。

早在上大学时期，李光耀就专修过数学，从政后数学帮了他的大忙，无论是在国家经济的宏观决策上，还是在具体计划制定方面，他都要精心策划、精心计算。

李光耀在语言方面也显示了出众的才华。他既精通英语，也懂马来语，还掌握了日语、泰米尔语。李光耀的英文水平是许多人望尘莫及的，他不仅能快速阅读英文书籍，而且能用英文写作，用英文发表演说，30岁以后又开始学习华语。他能使用多种语言进行交流，这对于实行种族协调倒是至关重要的。

也许很少有人知道，李光耀还特别喜欢生物学，他很善于观察各种生物的生活习惯。

李光耀对文艺也颇有兴趣，他会唱歌、跳舞，会玩多种乐器。在一次文艺晚会上，为了活跃会场气氛，他即席唱了一首客家山歌。令人特别惊讶的是，他竟能用英文把这首歌翻译出来。

年轻的总理

马来半岛像条色彩斑斓的大虎尾，雄踞在东南亚的海中，新加坡位于它的最南端。

这是一个海岛国家，总面积618平方公里，人口260万，现已发展成一个漂亮的现代化国家，成为亚洲经济“四小龙”之一。

总理李光耀1959年上台执政时，是当时世界上最年轻的总理，也是世界上任职时间最长的总理。

【剑桥名人语录】

即使真相并不令人愉快，也一定要做到诚实，因为掩盖真相往往要费更大力气。不要为自己持独特看法而感到害怕，因为我们现在所接受的常识都曾是独特看法。

李光耀的祖籍是中国广东省大埔县，曾祖父李沐文为了谋生背井离乡来到新加坡。

李光耀天生有一种不服输的性格，上学时成绩优异。

1941年，他毕业于莱佛士学院（新加坡大学前身）。

1946年前往英国，先后在伦敦经济学院、剑桥大学深造，获法学两项最优等成绩，并获得结业成绩第一名。

由于学业出类拔萃，还获剑桥大学颁发的优异星奖。

1950年，李光耀在伦敦中殿法学协会获得律师资格。

1952年，新加坡邮电制服职工联合会来找律师李光耀，该工会即将举行罢工，请他出任谈判的法律顾问。李光耀以他的雄辩才能一炮打响。

后来的几次罢工，李光耀以工会法律顾问的身份，多方策划，据理力争，为工友争得了权益。

到1954年,李光耀担任的法律顾问就有100多个,他以精明强干、善于筹划、辩才过人而著称。

这年11月,一个青年知识分子小组在新加坡酝酿成立民族主义政党——人民行动党(英文缩写为PAP)。当讨论党的秘书长这一要职委托给谁时,大家不约而同地同意在劳工界声名显赫的年轻律师——李光耀。

1959年,新加坡自治,并进行大选。人民行动党在全部51议席中占43席,李光耀被授权组织自治政府,他成为第一任内阁总理,当时年仅35岁。

中国有句俗话：脚踏实地。李光耀将这个思想融入他的治国哲学之中。他曾说:“我们必须生活在我们所处的世界。”

新加坡是一个600多平方公里的弹丸之地,“飞机一起飞就进入别国领空”,地下几乎没有什么矿藏,地上也没有农田,填海造地的土石都是从外国买来的。

新加坡人风趣地说:“在新加坡做人最体面，连请客人喝杯水都是进口货。”他还强调:一个国家人力资源的素质是影响竞争力最重要的因素,一个民族的创造力、企业精神、集体协作和职业道德,可以使他们的竞争力更胜人一筹。

李光耀号召国人培养“共同经营”意识,为团体的生存和荣誉而埋头苦干。

严格的法制建设

新加坡经济起飞前，面临的首要任务是生存。作为一个小小岛国的总理,李光耀把国际社会比作大海,世界上的大小国家如同海里的大鱼和小虾。

他认为:小虾必须有自己生存的方法,有些

鱼总要吞吃小虾，新加坡不能成为这样的“小虾”。

他还以蝌蚪为例，蝌蚪是一种很小的动物，可别的动物却不吞吃它们。这是为什么呢？据生物学家分析，蝌蚪的皮肤有一些毒素，吞吃以后会很不舒服。新加坡也要像蝌蚪一样，否则，一定会被大国吞吃掉。

新加坡的外交政策是让“世界上的主要强国知道它的存在——如果没有兴趣来帮助我们——至少不要把我们搞得更坏”。在这种思想指导下，新加坡还建立起规模不大，但足以表明不屈意志的国防。

这个国家处处绿树浓荫、高楼大厦，街道清洁而井井有条。由于不断绿化的结果，使平均气温降低了2℃。这里虽然没有名山大川，一年的观光客竟有460万之多。

新加坡的罚款之严举世闻名。在许多公共场所里，经常可以看到各种“不能做”的牌子，旁边标着罚款的“价格”。

一般收入的居民，只要接到任何一张罚款单，一月的工资可能就完了。因此，有人拿人民行动党（People's Party）的缩写PAP开玩笑，说PAP应该是Pay，就是：罚个没完。不过，在新加坡遵守公共规则已成为习惯。

新加坡的组屋也是相当有名的。李光耀政府提出“居者有其屋”的政策，专门设立组屋发展局。

多年以来，新加坡一直维持着每17分钟建一个居住单位的效率。现已有70%以上的新加坡公民住进政府廉价提供的组屋，人均住房面积达20平方米。

新加坡的高效率是有名的：

穿着整齐的海关关员每20分钟让一条船过关；

外国人去移民局，3个小时可以办好延长签证；

外国人投资，有时当天就能知道是否核准；

新加坡每年以平均9%的经济增长率、2%的低失业率、5%的物价低上涨率发展着。

为什么会有如此的效率呢？正如新加坡一位高级官员所说："我们没有富饶的土地，没有金矿，不产石油，付不起慢条斯理的代价。"

廉洁的政府

李光耀对贪污腐化者深恶痛绝。他说：贪污腐化曾是殖民当局的宿疾，如果我们失职，或是变得贪污腐化，就同样会被人民唾弃。

为保证政府官员的廉洁，政府采取了不少的措施。如设立贪污调查局，直属李光耀管辖。

这个机构不仅负责15万公务员的廉洁问题，还要侦破部长级的贪污事件。在治理肃贪方面也很有成效，原因并不是政府投入了大量的人力（调查局仅有34名探员），也不是采用了特别的先进技术，而主要是李光耀认定，不管是什么人贪污，都要侦办，决无特权和侥幸。

【剑桥名人语录】

科学是那些我们已经知道的东西，哲学是那些我们还不知道的东西。哲学是我们可以胡说八道的一种特殊权利。哲学是有道理的猜想。

20世纪70年代就有几个部长级人物因此被关进监牢。

另外，新加坡有着严格的管理制度。如对于馈赠的礼物，规定政府官员要交给有关部门负责礼品的人，受礼人如想得到礼物，就要由专人进行估价，然后照价收费。

公务员每年都要填表申报自己及家属的财产，包括证券、房屋、银行存款、债务等。如果负债额超过了3个月的工资，就会受到上级的询问。

在新加坡，不是没有人批评李光耀，比如说他作风专制，但确实没有人说他不清廉。所以，当有的记者询问新加坡人：是什么人在提醒政府官员不要犯错误？是什么人坚持犯错误必须受到处罚？答案多半只有3个字：李光耀。

李光耀常常是一身白衣白裤，不打领带。他甚至为内阁成员规定了工作服——白色短袖衬衣，以示廉政清白。他常说：“新加坡的生存，全赖部长和高级官员的廉洁和效率。”

他的人民行动党的党旗也很有特点：以长方形的白色为底，表示廉洁；中间是一蓝色的圆圈，表示团结；圆圈中有一道闪电，表示雷厉风行地行动。

新加坡是一个多元民族的国家、一个移民社会，华人占76.7%、马来人占14.6%、印度人占6.4%，还有一些欧亚混血人。这里的语言、宗教也是五花八门。

李光耀政府采取宽容、和谐、多元的民族政策，不搞华人至上。他提倡保留各民族丰富多彩的传统文化，同时也提倡各民族文化的融合，以期产生一种新的文化——新加坡文化。

李光耀每次讲话，总是先用英、华、马来三种语言分别致辞，然后才用通用的英语演讲。

他每时每刻都在塑造新加坡人的形象。

现在，新加坡的各个民族的移民们，已经开始习惯于把自己看作新加坡人了。

李光耀经常在国内视察，发现有好的经验，立刻倡导推行。1981年的一天，他出巡组屋区，吃惊地看到很多家庭都有音响设备、彩色电视、水磨地砖，却很少有书柜和书架，只有一家有书和画。于是，李光耀提出要培养“有教养的新加坡人”。

一次，在新春之际，李光耀到宏桥地区巡视，发现这个卫星镇竟有两座安老院（类似我国的养老院），他感到震惊。

在这年新春献词中他促请：“为人子女者，负起奉养父母的责任，恪尽孝道，建立一个健全的社会单位——家庭。”

新加坡人有着自己的生活方式，对此，1990年2月李光耀在美国哥伦比亚广播公司的电视节目中曾说：“若模仿美国的生活方式，新加坡将会毁灭。”所以，新加坡的形象是自己逐渐建立起来的。

为了推广某项活动，李光耀总是身体力行。如1979年的“推广华语运动”，对他来说也不是件容易的事。

【剑桥名人语录】

不管你是在研究什么事物，还是在思考任何观点，只问自己，事实是什么，以及这些事实所证实的真理是什么。永远不要让自己被自己所更愿意相信的或者认为人们相信了，会对社会更加有益的东西所影响。只是单单去审视，什么才是事实。

李光耀30岁以后才读中文、习华语。当他第一次用华语演讲时，却惹得听众哄堂大笑。但由于一直坚持下来，才取得了显著的效果。

李光耀还特别倡导体育运动，他认为居住在城市里的人，必须注意锻炼身体。这方面他也率先做到了。

1990年新加坡欢度了自己的25岁生日，李光耀也已步入花甲之年。以第一副总理吴作栋为首的第二代领导集团已发展成熟，部长们大都是年富力强、学历很高的中年人。

李光耀生动地比喻国家的现状：我来当守门员，前锋、中锋由他们去踢了。这意味着他不再“全场跑动”了，但如果门前出现“险情”，李光耀的作用仍举足轻重。

金融中心的建设

作为新加坡的建国之父，李光耀享誉国际政坛。基辛格在论及新加坡国父李光耀时写道：“历史上反复出现的一种不相称的现象是，某些领导人的突出能

力和他们所在国家的有限力量存在着差距。”基辛格的老板尼克松也同样赞叹道：“假如李光耀生活在另一时代和另一个地方，他可能获得诸如丘吉尔、迪斯累里或者格莱斯顿那样的世界声望……像李光耀这么一位高瞻远瞩的领导人不能在更广阔的舞台上施展才干，对世界是一个不可估量的损失。”的确，对于新加坡的发展来说，李光耀可谓功不可没。生存在东南亚这个波诡云谲的地缘要冲中，新加坡这个“小红点”面临着巨大的外部压力，无论是马来西亚还是印度尼西亚，都对新加坡虎视眈眈；同时，新加坡内部从一开始就蕴藏着种族冲突的种子，稍有不慎，种族冲突一触即发，因此新加坡自从成立之日起就处于内忧外患之中。

如今新加坡作为举世公认的花园城市，频频荣登世界最具竞争力国家之前列，李光耀扮演了重要的角色。而作为新加坡竞争力核心之一的“金融中心地位”，自然少不了李光耀的功劳。正如撒切尔赞许：“李光耀是一位了不起的人物。我一向珍惜李光耀的意见、经验和友谊。新加坡能够从一个小岛国变成世界上最有活力的贸易和金融中心之一，这应归功于李光耀的卓越领导和远见。”同样，也正如李光耀自己所言：“……如果我成功，下一个总理将继承一个成熟的经济体系，如果对经济伦理和金融实践没有健全的基础，他没有资格策划政府的政策。”李光耀在新加坡金融发展过程中的建树主要有以下三点：想象力与执行力、谨慎而又与时俱进的战略眼光以及铁腕护廉洁的政治意志。

【剑桥名人语录】

书籍是在时代的波涛中航行的思想之船，它小心翼翼地把珍贵的货物运送给一代又一代。在一切大事业上，人在开始做事前要像千眼神那样察看时机，而在进行时要像千手神那样抓住时机。

想象力与执行力

李光耀在其记述经济腾飞的回忆录中称：“1965年新马刚分家的时候，任何人预测新加坡日后会成为一个金融中心，一定被当成疯子。市中心一座座闪闪发亮的现代化办公大楼，通过一组组电脑把新加坡同伦敦、纽约、东京、法兰克福、香港和其他主要的金融中心联系起来，这是怎么发生的呢？”其发生来源于一种高超想象力与执行力的融合。

尼克松曾经在《领导者》一书中阐述：“一个领袖光知道该做什么还不够，他必须也能够去做该做的事。想当领袖的人如果没有做出正确决策的判断力和洞察力，他就会因为缺乏想象力而失败。光知道该做什么但又做不到的领袖，会因无能而失败。伟大的领袖既需要想象力，又需要有能力完成该做的事。”新加坡能够成为今天世界不可或缺的金融中心，很大程度上伴有一种偶然的成分，而这种偶然来源于一种独特的想象力。然而，这种想象力不是乌托邦式的幻想，也不是纯粹的天马行空、纸上谈兵，其可行性基础来源于新加坡独特的地缘政治经济优势。可以说，新加坡的世界金融中心之路就是一种偶然性与必然性的结合，一种想象力与执行力的融合。

何谓偶然性？李光耀在“金融中心的故事”一章中阐述的那段历史就是偶然性的最好注脚。在这个故事里，温斯敏博士（新加坡当时的经济顾问）对美国银行新加坡分行的副总裁范伊厄宁阐述新加坡的雄心——要在10年内让新加坡成为东南亚的金融中心。而范伊厄宁却认为新加坡不需要10年，只需要5年就可以发展起来。范伊厄宁建议，如果将新加坡置于二者之间，新加坡就会在旧金山闭市之前接手，到自己闭市时就把金融交易活动转交苏黎世。这将是开天辟地以来，银行和金融活动第一次全天候不间断地在运作。温斯敏高超的想象力获得了李光耀的大力支持，在克服重重困难之下，李光耀决定不惜冒险一试，吩咐韩瑞生大胆进行此项计划。

然而，正如李光耀自己坦言，新加坡不像香港，既不能凭借伦敦市的名气，又没有英格兰银行这个后盾。新加坡在1968年属于第三世界国家，国外银行家对于新加坡能否提供良好的社会条件、工作与生活环境，能否发挥高效率的基础设施，以及是否拥有一群技能高、适应力强的专业人才怀有疑心，同时对新加坡货币局和新加坡金融管理局监管银行业的能力信心寥寥。而新加坡如何让这些银行家放心，来源于新加坡的独特地缘政治经济优势，而这些优势乃是新加坡构建世界级金融中心的必然性来源。

新加坡这个蕞尔小国地处东西方交汇的十字路口，在斯坦福·莱佛士时代就已经成为东西方商品贸易与物流中心，马六甲海峡已成为世界上最繁忙的海上枢纽之一。而发达的商贸与物流使得大规模的资金流动成为可能，也催生了一个安全与稳定的金融中介的需求。诚然，单凭独特的地缘政治优势并不足以让新加坡成为国际金融中心，马来西亚与印尼也可能充当这个角色。而为什么银行家愿意选择新加坡，除了依托新加坡独特的地缘优势之外，更重要的是依靠新加坡独特的政治经济优势。李光耀在“新加坡金融中心的故事”一章中总结说：“我们的金融中心发展史所写下的是这样的故事，如何努力建立正直之邦的信誉，如何把知识和技能传授给官员，训练他们具有监管银行、股票行和其他金融机构的能力，以便把金融体制发生崩溃的风险，减至最低程度。”或许，当这些优势组合成一体时，新加坡与马来西亚抑或印尼相比，自然近水楼台先得月。

【剑桥名人语录】

既然习惯是人生的主宰，人们就应当努力求得好的习惯。习惯如果是在幼年就起始的，那就是最完美的习惯，这是一定的，这个我们叫做教育。教育其实是一种从早年就起始的习惯。

谨慎和与时俱进的特质

尼克松曾经论述：“领袖人物一定要能够看到凡人所看不到眼前利害以外的事情。他们需要有站在高山之巅极目远眺的眼力。”李光耀无疑具有这样的能力，在构建新加坡金融中心的过程中，李光耀在保持谨慎的同时懂得与时俱进，适应时代潮流。谨慎源于金融监管与生俱来的脆弱性；而与时俱进，在于李光耀所拥有的站在高山之巅极目远眺的能力。李光耀在“金融中心的故事”中记录的就是他这一特性的深刻写照。

故事起源于一个评论者的话，这位评论者认为：“在香港，没有明文禁止就可以做；在新加坡，没有明文批准就不可以做。”实际上，这是新加坡金融监管局历来的谨慎作风。这种谨慎作风使得新加坡度过了多次危机，

但是谨慎与保守似乎只有一线之差，此种谨慎做法也导致了新加坡金融发展陷入种种束缚之中，无法再得到质的突破。于是，在1990年，谨慎的李光耀重新检讨了新加坡的金融监管政策；到了1992年，李光耀参加了JP摩根国际咨询委员会会议，同众多银行精英进行了深入的交流，其后，李光耀得出了一个结论：新加坡跟他们比起来，差距何止十万八千里。也正是这一年，擅长与时俱进的李光耀对新加坡金融监管局的管制措施和银行作风的看法开始发生了改变。

1994年，李光耀召集外国金融机构担任管理要职的新加坡人士举行数次献策会议，探讨新加坡的金融改革。在这些会议之后，李光耀感悟到，太多的国民储蓄存放在公积金户头，法定机构以及与政府有联系的公司把存款存进银行的做法很保守。于是，敏锐的李光耀认识到引进国际基金管理公司的路径。1994年之后，李光耀向新加坡四大银行中的三家——华侨银行、大华银行和华联银行表达其对新加坡金融发展的忧虑。但是出乎李光耀意料的是，这些银行的高管们似乎没有意识到，在环球趋势快马加鞭的时代，排他、不放眼天下和缺乏前瞻性的心态是多么的危险。他们依旧要求政府继续约束外资银行，不让外资银行在新加坡增设分行。与时俱进的李光耀认识到问题的严重性，于是在1997年，李光耀果断地要求政府持股的新加坡发展银行以身作则，身体力行推动改革。

1998年,在李光耀的支持下,担任新加坡金融监管局主席的李显龙对金融监管局进行了改组,调整了重点,以全新的风格管理和发展金融业。批准银行增设更多的分行和自动提款机,开放国内银行业,而这恰恰是新加坡金融监管局前任主席高胜铭所回避的改革措施。同时,监管局还撤销了对外国投资者在本地银行的股权限制,成立银行提名委员会,监管局的这些举措无疑适应了金融全球化的趋势,在控制金融风险的同时赋予了市场参与者更多的权力,而这无疑推动了新加坡的金融发展更上一层楼。

【剑桥名人语录】

残疾人的成功通常不易招致嫉妒。因为他们有缺陷,使人乐于宽容他们的成功,也常使潜在的对手忽视了他们的竞争和挑战。真正迅速的人,并非事情仅仅做得快,而是做得成功而有效的人。

李光耀谨慎而又与时俱进的作风促进了新加坡金融业的健康与稳定发展,如果没有李光耀的这一助力,新加坡金融改革之途不会如此顺利,而新加坡金融之舟或许也会在暗礁的撞击下沉没大海。正如李光耀自己阐述的:“……只有在金融监管局证明了它所建立的体制经得起1987年和1997年两次金融风暴的袭击后,……我们审慎的态度支撑新加坡度过了1997年到1998年的东亚金融危机……从1968年第一次推出亚元市场至今,我们花了30年才建立起新加坡国际金融中心管理妥善的信誉。”

铁腕护廉洁的政治意志

纵观新加坡的金融发展历程,不难看到,新加坡的廉洁政府体制扮演了一个决定性的角色。李光耀在总结新加坡金融中心的功业时谈到:“新加坡金融中心的根基,建立在法制和司法独立,以及政府的稳定、称职而清廉的基础上。”在许多西方学者看来,新加坡并不是一个民主的国家,但新加坡却是学者们公认的东方最廉洁的国家。1996年设在柏林的国际透明度调查机构发表的题为《1996年世界各国贪污观察指数》的调查报告,新加坡被德国商人认为是亚洲最廉洁的国度。美国学者亨廷顿曾经说到:“各国之间最重要的政治分野不在于他们的政治形式,而在于他们政府的有效统治程度。”如果摆脱新加坡的政治形式，而将目光聚焦在新加坡政府的有效统治程度上，新加坡式的廉洁扮演了关键的角色。

不可否认，廉洁高效的政府推动了新加坡金融中心的不断飞跃。客观而言，此种廉洁来源于李光耀的政治理念，来源于李光耀的铁腕政治意志。在李光耀看来：“我们必须全力支持贪污调查局的官员执行任务，无私无畏。”不可否认，新加坡式的高薪养廉对构建一个廉洁的政府机制功不可没，但李光耀对“廉洁”的政治癖好同样扮演了关键的作用，廉洁成为新加坡独特的政治文化之一。

在新加坡的金融发展历程中，李光耀铁腕护廉洁的政治意志历历在目。在“金融中心的故事”一章中，李光耀向我们展示了他本人及政府如何在“史拉达华克证券公司违规操作风波”中保持廉洁作风，斗胆揭穿史拉达华克证券公司的阴谋，维护了新加坡金融中心的名誉。在西方许多观察家看来，此次亚洲金融危机的根源在于亚洲的贪污、裙带风和朋党主义。然而李光耀认为：“那些具备透明体系来侦察和防止人们滥用职权与徇私舞弊的地方，比如新加坡和香港，这种徇私舞弊的现象根本非常罕见。新加坡没有因贪污或者朋党主义而扭曲了资源的分配，所以我们能够更好地应付危机。同样的，我们的公务员扮演的是裁判员的角色，而不是市场参与者。”新加坡式的廉洁政府体制使得新加坡避免步入其他一些东南亚国家的歧途中。

客观而言，新加坡世界级金融中心的建立是多种因素作用的结果，无论是人民行动党、新加坡式的廉洁政府体制、新加坡的人才培养机制还是新加坡的法制都发挥了关键的作用。然而深入分析，这些因素都直接或间接与李光耀息息相关。有了李光耀，新加坡构建世界级金融中心的地位成为可能；如果缺少李光耀，新加坡金融中心的梦恐怕只是过眼云烟而已。

与中国台湾的关系

李光耀最早与台湾方面的联系十

分密切。在1970年，新加坡与台湾就进行了军事上的多项合作，他本人也多次访问台湾，与蒋经国的私交很好。1988年李登辉上台后，两人也曾交往甚密，但后来关系破裂（因为李光耀不喜欢别人说他有独裁的倾向，但李登辉认为这是政治领袖都有的一面）。2000年陈水扁上任后，李光耀曾两次访问台湾，但与陈水扁的关系一般。在李光耀的促成下，海峡两岸曾经在1993年4月27日在新加坡海皇大厦举行"汪辜会谈"，极具象征意义。

与中国的建交

李光耀在70年代末开始与中国内地交往，双方都放弃了60年代时敌对的政策。他会晤过毛泽东、邓小平、江泽民、胡锦涛等多位中国内地领导人，对中国的改革开放政策制定有重要影响。

李光耀对邓小平一直十分尊重，而二人也确实因其许多的共同点（例如都在经济上力主开放），而被很多媒体拿来比较。他曾公开为邓小平辩护，并声称这实际上与人权问题无关，而是为维护国家稳定的必要手段。由于李光耀曾经表示新加坡将会是东盟中最后一个与中华人民共和国建交的会员国，因此在印尼与中华人民共和国建交之后，1990年10月，新加坡随后与中华人民共和国建交。

退出内阁

2011年5月14日，新加坡内阁资政、新加坡第一任总理李光耀和国务资政、新加坡第二任总理吴作栋发表联合声明，宣布从内阁退休。声明说："我们研究新的政治局势并考虑这一局势对今后的影响……是让年轻一代推动新加坡在更加困难和复杂的情况下向前。"从1965年8月9日新加坡共和国成立到1990年11月，李光耀一直担任新加坡总理，并在卸任后留在内阁担任内阁资政，继续为新加坡的建设和发展发挥余热至今。让李光耀决意离开内阁的原因是在5月早些时候举行的新加坡国会选举。在选举中，由李光耀创建并在新加坡长期执政的执政党人民行动党虽然继续占据国会压倒性优势，但得票率跌至60%左右，创新加坡建国以来最低。李光耀和吴作栋的声明说："在具有分水岭意义的选举后，我们决定离开内阁，让更年轻的内阁成员团队联系并接触年轻一代，塑造新加坡的未来。"

【剑桥名人语录】

机会先把前额的头发给你捉而你不捉之后，就要把秃头给你捉了；或者至少它先把瓶子的把儿给你拿，如果你不拿，它就要把瓶子滚圆的身子给你，而那是很难捉住的。

李光耀和吴作栋发表联合声明表示，在这次"分水岭"大选后，已研究过新政治局面，思考过它对新加坡前程的影响，想到二人已为新加坡发展做出过贡献，现在是让59岁的总理李显龙和其年轻领导团队有全新阵容的时候了。

二人表示，明白到年轻一代除了希望政府任人唯贤、不腐败，以及享有更高生活水平，也要求更多地参与影响他们的政策决定，故决定让一支全新的年轻管治团队与年轻一代新加坡人联系，以塑造新加坡的前途。但二人强调，年轻团队一定要关注老一代所关心的问题，称老一代已为新加坡做出贡献，应当好好受到照顾。

吴作栋其后在当地社交网站留言，表示二人离开内阁后，李显龙便可以更新他的内阁，以新思维改造新加坡，从而与国人达成新共识。

为年轻一代领导让路

1990年李光耀退出总理职位，由吴作栋接任。2004 年吴作栋又将总

理职位交给了李光耀之子李显龙。在1990年辞去总理职务之前,李光耀说,那些认为他要退出政治舞台的人“应当去医院检查下自己的大脑”。

不过,在接下来的选举结果显然令他改变了主意。在这次选举中,虽然执政的人民行动党赢得了87个国会议席中的81席,但其得票率降至60%,创历史新低。2006年和2001年其得票率分别为67% 和75%,1968年为84%,为历史最高。

在竞选期间,互联网首次在新加坡选举中发挥了重要作用,从未经历过贫穷的一些年轻批评者在 脸谱、推特和YouTube等网站上嘲弄李光耀和吴作栋。

李光耀和吴作栋在声明中承认,现在面临的是“新的政治局面”,新加坡的年轻一代希望更多参与决策。

自首次当选总理以来,李光耀一直是新加坡举足轻重的政治人物。他生于1923年9月16日,在成长过程中一直认为新加坡的统治者是不可战胜的。

第二次世界大战期间,当日本侵略者在1942年战胜英军、占领新加坡时,李光耀猛然觉醒。新加坡解放后,李光耀到英国学习法律,其间与剑桥同窗柯玉芝相识相恋,在1950年回国前秘密结婚。他们育有3个孩子,李显龙是长子。2010年10月夫人柯玉芝辞世时,人们依稀看到了李光耀脆弱的一面。

他在悼词中说:“没有她,我会是一个完全不同的人,过着完全不同的生活。她度过了充满温暖和意义的一生,我应该为她89年的生命感到慰藉。但今天在这个永别的时刻,我的心却无比悲痛。”

几个月后，他又恢复了常态，在国内外会见重要的政界和商界领导人。

竞选期间，李光耀再次展现了其强硬的一面，他在一个争夺激烈的选区警告选民说，如果他们投票支持反对党，他们会“后悔的”。许多人最终对人民行动党投了反对票，给了该党一记重击，这促使李光耀最后决定退出内阁。

个人荣誉

作为新加坡的总理，在这个头衔之下，李光耀不仅发起了反对随地吐痰、嚼口香糖、喂养鸽子的运动，还禁止乱扔垃圾、在公共场所吸烟和说粗话脏话，并制定了严格的法律以及罚款标准。他还强烈推广了几项他最为倡导的行为：微笑、礼貌待人以及在公共厕所主动冲水。正是由于他在指导公众行为方面所做的指令性举措，李光耀获得了1994年的诺贝尔心理学奖。

由于李光耀祖辈均为客家人，故其本人被视为客家族裔的杰出代表之一。鉴于其对世界客家事务的影响和贡献，李光耀被特别聘请为新加坡最大的客属团体——新加坡茶阳会馆的永远荣誉主席一职。

2000年12月7日，香港中文大学为新加坡内阁资政李光耀颁发了荣誉博士学位。

颁授学位仪式由香港中文大学校长李国章主持。香港中文大学在对李光耀的赞词中，形容李光耀是近百年内最杰出的政治家之一，并形容他“以廉反贪”、“以法去乱”、“注重和平而避免冲突”、“协调种族而拘除仇视”、“带领新加坡走向富强之路”等。

2005年5月17日，复旦大学授予82岁的李光耀名誉博士学位。

复旦大学校务委员会主任秦绍德教授在颁授学位证书仪式上说，授予李光耀名誉博士学位，是因为他对促进中新两国关系发展所做出的贡献。李光耀在仪式上做了题为《中国复兴中上海的角色》的主题演讲。他说，未来30年，中国和印度的崛起将会把世界的中心从大西洋转移到太平洋和印度洋。而中国的复兴仅靠经济力量是不够的，还需要文化等软力量的增强，“上海则有机会成为中国软力量的中心”。李光耀说，中国复兴在取得经济发展的巨大成就的同时，也要通过复兴重现中国文化的辉煌，“打造一个21世纪版的中国文明”。

第二章　风景秀丽的剑桥大学

剑桥大学坐落在英格兰东部平原剑河两岸的剑桥镇，剑桥镇风景秀丽，距首都伦敦仅90多公里，著名的剑河从镇中横穿而过。剑桥大学既没有中心和围墙，也没有挂着校名的门牌，整个大学就散落在各个园林中。

第一课　迷人的校园风光

剑桥名言

走在前面，但别和你的根基脱节。

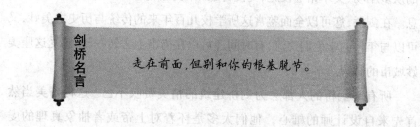

早在两千年前，罗马人就曾在这个距伦敦约90公里的地方安营扎寨，屯兵驻军。虽然如此，在漫长的岁月里，剑桥只是个乡间集镇而已。直到剑桥大学成立后，这个城镇的名字才渐为人所知，今天它是座9.2万人口的城市。

暮春是剑桥最美的季节。路旁是一排排苍翠撩云的大树和一树树白色、淡紫色的樱花。在阳光的拂照下，显得生机勃勃。各所学院和住宅门前的草地上，紫红的、粉红的玫瑰，鹅黄色的旱水仙争妍斗奇；路灯柱上、住宅阳台上挂着、摆着鲜花盛开的花盆。真是繁花似锦，赏心悦目。

【剑桥大学特色】

剑桥大学的导师制是其最明显的一个特点，即由各学院为每个新入校的本科生从院士中指定一位导师，以了解和关注其生活和学习，并对学院和大学负责，但不承担学生的教学。教学任务由各个系的学习指导员所指定的辅导老师承担。

然而，最使人留连忘返的还

是那满城的绿色。青葱的草地几乎铺满了这座小城除了街道以外的一切空地。那一栋栋高大的校舍、教堂的尖顶和一幢幢爬满青藤的红砖住宅就在这一片绿色之中。剑河边上，垂柳成阴，丛林拥翠，衬托着剑河的一泓碧水，整个剑桥就像一片绿色的海洋，绿意葱茏，令人心醉。

过去，曾有无数研究者、学生慕名前来。剑桥虽与牛津齐名，都是世界著名学府，但这里的气氛却与牛津不同。牛津被称作“大学中有城市”，剑桥则是“城市中有大学”。尽管这里保存了许多中世纪的建筑，但就整个剑桥的外观而言仍是明快而且现代化的。正如其他英国城市一样，剑桥的商业也很繁荣，但仍不失典型的英格兰的田园风光。似乎与城市规模不相称的众多剧场、美术馆等设施，更使得这座大学城散发出一股浓浓的文艺气息。在剑桥，您可以全面鉴赏这所学校几百年来的传统与历史之美妙，又可以与年轻的学生们交流，有时间还可以在街市上去转一转，感受这座美妙城市的脉搏。

所有来剑桥的人都会为剑桥建筑的精美赞叹不已。这种精美当然首先来自设计师的雄心，他们大多是怀着对上帝或者抽象真理的虔

诚，试图把他们对主的赞美和对知识的渴望融化在建筑之中，他们也渴望借此青史留名，他们在设计中用尽了人间的智慧。但是，另一方面，更多看到的是那些工匠的严谨和认真。如果说，设计师靠天才的想象力和非凡的艺术创造力工作，那么工匠们则是靠反复锤炼得来的技艺以及辛苦劳作得来的心得在工作。

【剑桥大学历史】

剑桥大学最早有记录的是1209年。在那一年，牛津大学的两名哲学教授被控告谋杀了一名妓女，他们被牛津市法院判处绞刑。为了表示抗议，牛津大学的一些老师停止教学，许多人离开了牛津，一些人来到了剑桥镇，后来他们建立了剑桥大学。

另外呢?可能和建造者的宗教情结有关，剑桥的建筑大多包含着建造者的宗教意识。他们是怀着某种虔敬工作的。

剑桥大学和其他古老的欧洲大学一样，产生于中世纪后期的基督教背景之中。1536年，亨利八世实行宗教改革，下令学校解雇研究天主教教规的教授，停授“经院哲学”(scholastic philosophy)，此后剑桥的教研重点才从单一的天主教神学转向圣经、希腊和拉丁经典、数学等。许多学院的命名来自宗教，如三一学院、基督学院、耶稣学院、圣体学院等等。剑桥历史上，也有许多知名学者是虔诚的神学家，大多数学院拥有自己的教堂(共有20多座)。国王学院唱诗班在亨利六世建造礼拜堂时设立，现在每年圣诞节举行的弥撒音乐会都会在电视上向全球直播，是世界知名的圣诞音乐会之一。

在这种背景之下，剑桥的建筑都带有宗教色彩。国王学院内的国王礼拜堂(King's College Chapel)是剑桥建筑的一大代表，也是中世纪晚期英国建筑的重要典范。国王礼拜堂为亨利六世在1446年下令建造，耗时80年完成，礼拜堂四面的彩色玻璃窗以圣经故事为主要情景。礼拜堂祭坛后方由鲁本斯所绘的《贤士来朝》(The Adoration of the Magi)，以及分隔礼拜堂前厅与唱诗班的屏隔所组成，其上所饰的天使的管风琴和扇形拱顶天花板都是参观重点。

剑桥的校舍，按建筑年代的不同而风格各异。比如，建于15世纪的国王学院是哥特式的；建于19世纪的纽纳姆(Newnham)学院则是维多利亚时代的建筑风格。剑桥大学里有许多值得欣赏的楼馆、亭院和桥、廊。剑桥大学的雷恩图书馆是由英国最著名的建筑师、圣保罗大教堂的设计者雷恩设计的，那是他一生中最为人赞誉的杰作之一；16世纪创立的圣约翰学院，院舍分为两部分，由一道有盖有窗的廊桥连接。这道充满画意的桥有一个诗意浓郁的名字——叹息桥，是剑桥大学优美景观之一。还有，国王学院的教堂是建筑群中最宏伟者，历经99年才建成。最令参观者叹为观止的是它那庄严肃穆的扇形穹隆和记述圣经故事的彩绘玻璃。幽暗柔和的光线投射进教堂内，更增加了它的高贵和神秘。

剑桥小百科

剑桥大学的许多地方保留着中世纪以来的风貌，到处可见几百年来不断按原样精心维修的古城建筑，许多校舍的门廊、墙壁上仍然装饰着古朴庄严的塑像和印章，高大的染色玻璃窗像一幅幅瑰丽的画面。剑桥大学有教师（教授、副教授、讲师）1000余名，另外还有1000余名访问学者。

第二课　风格各异的学院

剑桥名言

美的至高无上的部分，无法以彩笔描出来。

剑桥大学目前共拥有35所学院，学院是剑桥大学本科生和研究生住宿的地方，同时也负责本科生的录取和教学。其中彼得学院是最古老的学院，始建于1284年。成立最晚的学院是罗宾森学院，建于1979年。学院也会为大学资深的研究人员提供资金和住宿方面的帮助。

圣凯瑟琳学院

由亚历山德拉·凯瑟琳(Alexandria Catharine)于1473年创建。她曾被判处死刑，要被钉死在一个轮状的十字架上。然而，当她的身体碰到那只十字架时，轮子却奇迹般断裂了。因此，轮子便成了凯瑟琳的吉祥物。这就是为什么在圣凯瑟琳

【剑桥大学历史】

13世纪，一些私人教学机构在剑桥建立起来，它们都是今天剑桥大学的前身。这些私人教学机构大多数只有少量的教师和学生。彼得屋是由伊利主教在1284年修建的，其他的学院纷纷追随其后，克莱尔大学成立于1326年。

学院大铁门上有那个金黄色轮子图案的由来。

该院院友威廉·沃顿(William Wotton)是剑桥大学有史以来年龄最小的本科生。他1666年出生，6岁时已懂得拉丁语、希腊语和希伯来语三种语言，9岁上剑桥大学。

冈维尔与凯斯学院

初创于1348年。1557年，凯斯博士(Dr Caius)出资重建了该院，于是他的名字也就理所当然地成了该院名称的一部分。值得一提的是，凯斯博士在重建该院时，设计了3道大门，巧妙地安排了它们的位置，并精心地为它们命名，使它们暗示出学生在学院成长的历程，而且还富有教育意义，真可谓匠心独运!

第一道门叫谦卑门(the Gate of Humility)，意思是：学生刚刚踏进大学的门槛，知识浅薄，应以谦卑的态度来求学。

第二道门叫功德门(the Gate of Virtue)，就是说，学生在学院经过一段时间的学习和培养，学业上大有长进，但这还不够。学院是育人的场所，学生除了学业优良之外，还应注重操行品德的修养，只有品学兼优的人，才能为人类社会做出贡献。

最后一道门通往剑桥大学的议会大厦(Senate House，大学授予学位的场所)，叫作荣誉门(the Gate of Honour)。这很好理解：学生经过自身的努力和学院的培养，在学业和品德上都达到了毕业的要求，就可以高高兴兴地通过这道门，去领取学位证书。达不到要求、不合格的学生，没有资格过这道门。

三一学院

【剑桥大学历史】

剑桥大学彭布罗克学院是由彭布罗克的遗孀厄尔夫人建立的，玛丽夫人学院在1347年建立。冈维尔学院和凯厄斯学院是在1348年由埃德蒙冈维尔建立的。三一学院大厅创建于1350年，后来在16世纪由约翰凯厄斯扩建。

三一学院(Trinity College)由国王亨利八世创立于1546年，无论是学术成就还是经济实力、学院规模，在剑桥大学现在的35所学院中都是名列前茅的。最令世人仰慕的是，这里还是伟大的科学家牛顿、著名哲学家培根以及包括查尔斯王子在内的多位王室贵族及6位英国首相、多位诺贝尔奖得主的母校。

三一学院于1546年由英王亨利八世创建。后来历史学家称这是这位骄横一世、跋扈无双的国王一生中做的唯一的一件好事。之后亨利八世的女儿继承父业，修建了著名的三一教堂。如今在教堂的前厅，设立了一个名人堂，摆放着6尊栩栩如生的石雕像，他们就是被誉为“三一之子”的牛顿、培根、巴罗、麦考莱、魏伟尔和丁尼生。其实，“三一之子”又岂止这些呢?在近500年的辉煌历史里，三一培养了31位诺贝尔奖获得者、25位奥运会冠军、5位国家元首。

三一学院的雷恩图书馆不仅藏有古埃及的木乃伊和中世纪圣保罗信徒的书信手稿等一批珍贵的文物，还有苏格拉底等几十尊西方伟大思想家的雕像。小说《小熊维尼》的作者弥尔顿也是三一学院的学生，所以他的手稿自然成了图书馆的新宠。

三一预科学院的课程设置享有盛名，由墨

本尔大学监督，课程灵活，学生可自由选择适合其日后发展的任何科系。这里强调关注每个学生，学院采用演讲和小组辅导的教学形式，有助于学生今后的大学学习。小组辅导一般限制在15人以内，还提供特殊帮助和授课。

彼得学院

彼得学院(Peterhouse)是剑桥大学最古老的学院，创立于1284年。该学院当年有个院士(fellow)，名叫戈德弗雷·华盛顿(Godfrey Washington)，他同时还兼任学院教堂的牧师。该教堂于14世纪重建，并更名为小圣·玛丽教堂(the Church of st. Mary the Less)。进教堂左手边，是戈德弗雷·华盛顿的纪念碑。戈德弗雷·华盛顿是美国第一任总统乔治·华盛顿的叔祖父(great-uncle)。请注意观察华盛顿家族的纹章，据说美国国旗上的星条图案即来源于此。

彭布罗克学院

彭布罗克学院 (Pembroke College) 是由彭布罗克伯爵的遗孀华伦西·

圣·保罗·玛丽 (Marie de st. Pol de Valence)于1347年创立的。她17岁时，与50岁的彭布罗克伯爵结婚。据说，她在一天之内完成了从少女到妻子再到寡妇的三种角色转换。结婚那天，她的丈夫当着她的面与别人比武,不幸被当场杀死。

【剑桥大学历史】

剑桥大学科尔普斯基督学院是在1352年建立的。国王学院是由亨利六世在1441年建立的。王后学院成立于1448年。圣凯瑟林学院接着在1437年建立。最后一任伊利主教在1492年建立了基督学院。

彭布罗克学院是剑桥大学第一个独立拥有教堂的学院。克里斯托弗·雷恩(Christopher Wren)的叔叔马修(Mathew)是伊里(Ely)主教，被奥利弗·克伦威尔判刑18年，监禁在伦敦塔里。马修曾许愿:假如他能平安获释，他会在他的老学院(Peterhouse)建一座教堂。后来他果然平安获释。于是，他让他的侄子设计建造了这座小教堂。这是克里斯托弗·雷恩完成的第一座建筑。

伊曼纽尔学院

伊曼纽尔学院 (Emmanuel College) 是剑桥大学第一所新教徒学院，1584年创立。约翰·哈佛(Jobn Harvard)是该院的本科生，他当年就住在该院现在那幢红砖的楼房里。哈佛后来乘船去了美国的新英格兰，1638年在那里死于肺结核。去世时，他用自己的一半财产、320册书和名字，创立了美国的第一所大学——哈佛大学。

从伊曼纽尔学院教堂大门左侧的小门进去，右手边是一块纪念哈佛的牌匾，由美国哈佛协会赠送。圣坛上的画，名叫《浪子回头》，由雅考布·艾米戈尼(Jacopo Amigoni)所作。19世纪的彩色玻璃窗户上的人物画，有一幅画的是约翰·哈佛。由于找不到约翰·哈佛本人的照片，画家在作这幅画时，借用了诗人约翰·弥尔顿的头像。弥尔顿与哈佛是同时代的剑桥大学学生。

基督学院

基督学院(christ's College)由玛格丽特·博福特(Margaret Beaufort)女士于1505年创立。玛格丽特·博福特是国王亨利七世的母亲。这位虔诚的女性还创立了剑桥大学第一个神学教授席位。她手捧《圣经》的画像和她的盾形纹章雕刻在基督和圣约翰两所学院的大门上方。盾形纹章两边是两个神话动物,分别长着山羊头、羚羊身和大象的尾巴。左边兽头的后面是一朵盛开的雏菊,右边兽头的后面是勿忘我草。雏菊(marguerite)一词与玛格丽特(Margaret)名字的发音相同,象征她本人;而"勿忘我"则是她的格言。

达尔文和弥尔顿都曾是基督学院的学生。该院的院士花园(Fellow's Garden)左角那棵苍劲繁茂的桑树,大约是在詹姆斯一世时期栽种的,当时提倡发展丝绸业。约翰·弥尔顿于1628年进入基督学院。据说他当年时常坐在这棵桑树下写诗,所以这棵树被命名为弥尔顿桑树。

莫德林学院

莫德林学院(Magdalene College)创立于1428年,是剑桥大学最后一个

仅招收男生的学院。该院于1988年开始招收女生。据说，在开始招收女生的那一学期开学第一天，全院的男士都戴上了黑色的臂章，学院当天降了半旗。

莫德林学院旁边的大桥，初建于7世纪中期，起初是木桥，1754年换成石桥。现在的桥建于1823年，由于交通流量大，需要定期加固。有人说，剑桥这个地名就来自这座桥：River Cam(康河或剑河)加bridge(桥)，等于Cambridge(剑桥)。

剑桥小百科

剑桥大学的学生参与多种业余活动，其中划船是最流行的体育运动。剑桥大学各学院间经常比赛，而且剑桥大学每年都会与牛津大学举行划船比赛。各学院间还举行其他各种体育比赛，包括橄榄球、板球、国际象棋等。

第三课　剑桥大学的桥

剑桥名言

炫耀于外表的才干徒然令人赞羡，而深藏未露的才干则能带来幸运。

叹息桥

在剑桥大学所有的桥中，叹息桥的名气最大。据说，维多利亚女王参观这座桥时，赞叹不已："这么秀丽!这么别致!"

叹息桥位于圣约翰学院，建于1831年，连接了该学院的老院(The OldCourt)与新院。它类似一座廊桥，分上、中、下3层。下层是半个椭圆形的桥孔，横跨在剑河上。中间是一条通道，即长廊。与其他长廊不同的是，它的道面不是平直的，而是拱形的，行人过桥要上下坡。桥的两边是半封闭的，相互对称的5对用钢筋拦护的拱顶水泥框架的玻璃窗，用来采光。上层是平顶，类似一般水泥大桥的桥面，顶面的两边均衡地耸立着相互对称的塔尖状装饰。整座桥身的外观呈浅黄色。

有关它的故事,流传着不同的版本。有人说,剑桥大学的毕业考试很严格,平时不努力学习的学生,考试通不过,拿不到文凭,往往来到这里叹息、流泪,后悔莫及。因此,校方把它定名为叹息桥,以此来警示学生要勤奋学习、不可懈怠。也有人说,之所以叫叹息桥,是因为校方总是让犯了错误的学生来到这里,面对河水,兀立反省,作为一种惩罚。学生反省之后,往往悔不当初。

数学桥

数学桥又称牛顿桥,是一座木质结构桥,位于王后学院内。数学桥看上去不起眼,关于它的故事却很动听。相传,这座桥是牛顿运用数学和力学原理设计建造的,整座桥上没有使用一根钉子,堪称奇迹。后来,好奇的学生把它拆下来,想看个究竟。谁知拆下容易,恢复难!无论他们用什么方法,就是恢复不了原样,连校方也无能为力。最后,不得不用钉子固定,才重新将木桥架起来。这个故事弘扬了剑桥的一种学风,或者是一种文化传统,说明剑桥大学的学生好奇心强、敢于挑战权威、勇于实践。由此可见,它的影响是积极的。或许正是出于这种考虑,大家才不去考证故事的真实性,普遍采取了宁可信其有、不愿信其无的态度,乐于传诵。

其实,这个故事是虚构的。据《剑桥权威指南》和2002年新版《剑桥画册》证实,数学桥是1749年由威廉·埃斯里奇(William Etheridge)根据数学原理设计、詹姆斯·埃塞克斯James Essex)建造的。建造时使用了铆钉。现在的这座桥,是原桥的复制品,建于1905年,是用螺栓连接、固定的。

卡莱尔桥

这是一座带护栏的三孔石桥,位于卡莱尔学院后部。它建于1639年,做工精细,造型优美,是剑河上现存的最古老的桥。该桥两边的护栏上各有7个石球,两边相互对称。

【剑桥大学历史】

从学术上讲,剑桥大学始终是世间排名前五的顶级大学。它有被王室选作学术机构的传统。剑桥大学拥有一些在世界上与任何大学相比都可以自夸的学术成就。它在各个领域始终是排名世界前列的顶尖大学。

自卡莱尔学院后门出去往西走，左边护栏上倒数第二个球的后部，被整齐地切掉了一个15度的角。猜猜看，是什么原因?据说，建筑设计师在设计、建造完这座桥之后，学院仅付给他15便士的设计费。他感到很气愤，实在难以接受!无奈之下，他发誓要让这座桥永远不得完整。于是，他将那个石球切掉了与15便士对应的15度角，从而永远留下了这个缺口。

如果说精巧的“数学桥”昭示了科学之伟大，弘扬了剑桥的一种学风，那么卡莱尔桥则展示了剑桥的妩媚风情。徐志摩在文章中称它是“怯怜怜的一座三环洞的小桥”。这“怯怜怜”3个字用得真是好，立刻给一个平平凡凡的小桥注入了血脉与精气神儿。这卡莱尔桥确有些玲玲珑珑的风韵，正是那种“养在深闺人未识”的小家碧玉式的纯净与温润。起初入眼并不夺人，需得“凝神地看着，更凝神地看着”，这才品出她的脱俗之美。

剑桥小百科

剑桥大学校长为女王丈夫菲利普亲王(牛津大学校长为前香港总督彭定康)，设一名常务副校长主持日常工作。2009~2010年度剑桥大学总收入约19.8亿美元，位列全英第一(前三甲中另两所大学为:牛津大学，约14.5亿美元;伦敦大学学院UCL，约12.6亿美元)，为世界最富有的大学之一。

第四课 剑桥名人榜——无冕之王克伦威尔

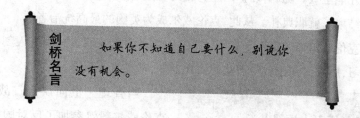

剑桥名言

如果你不知道自己要什么，别说你没有机会。

人物简介

奥利弗·克伦威尔是英国政治家、军事家、宗教领袖。17世纪英国资产阶级革命中，资产阶级——新贵族集团的代表人物、独立派的首领。克伦威尔曾就读剑桥大学的雪梨苏塞克斯学院，信奉清教思想。在1642~1648年两次内战中，先后统率“铁骑军”和新模范军，战胜了王党的军队。1645年6月在纳西比战役中取得对王党的决定性胜利。1649年，在城市平民和自耕农压力下，处死国王查理一世，宣布成立共和国。1653年，建立军事独裁统治，自任“护国主”。

1653年12月16日，伦敦市政厅内挤满了当时英国社会中的头面人物。正中间的椅子上端坐一人，这

人50岁上下，红红的脸膛，身穿黑色长袍，戴着宽金边的帽子，神态庄严。伦敦市长站了起来准备讲话，热闹的大厅立即肃静下来，只听他大声说道："先生们，今天，我们在这里举行盛大的仪式，请奥列弗·克伦威尔将军就任英格兰、苏格兰、爱尔兰的护国主。同时，还将宣布新的英国宪法《统治文件》。"原来，椅子上坐的就是英国大革命中的风云人物克伦威尔。

这时，礼宾官送上国玺，伦敦市长献上了国剑，克伦威尔起身一一接受。大厅里响起一阵热烈的掌声。接着，一位将军宣读了新的英国宪法《统治文件》，文件规定，护国主为终身制，国家的一切施政方针，都要通过护国主才能生效。随后，以护国主为首的各级官员列队而出，在士兵的欢呼声中结束了就职典礼。从此，克伦威尔成为英国的最高统治者。

克伦威尔1599年生于亨丁顿郡一个中等乡绅家庭。17岁进入剑桥大学学习，后来又在伦敦学习法律。1628年，他被选入议会。

【剑桥名人语录】

时间是衡量事业的标准。青年人比较适合发明，而不适合判断；适合执行，而不适合磋商；适合新的计划，而不适合固定的职业。

当查理一世向议会宣战时，克伦威尔毅然参加了反对国王的战斗。战争初期，议会军节节败退，克伦威尔十分焦急，他决定自己出钱建立一支纪律严明、有战斗力的队伍。他仔细分析了议会军溃败的原因，认为要想在战争中争取主动，必须有一支英勇善战的骑兵。

在17世纪的欧洲，步兵已经开始使用火器——短管火枪。但是，这种枪使用起来极为不便，它必须从枪口装子弹，并且要用引火线点火才能发射，遇上大风大雨，就等于没有。打完一发子弹以后，必须重新从枪口装子弹，非常麻烦。而且，这种子弹的杀伤力不强，遇到身穿铠甲的骑兵，就很难奏效。而骑兵行动迅速，又可以冲锋陷阵。

克伦威尔从剑桥郡的自耕农和手工业者中间选择士兵，要求他们具有革命热情，英勇无畏，并能自觉遵守纪律。起初，他的队伍只有60人，但他们英勇善战，常常以少胜多，越战越强，人数也越来越多，人称"铁骑

军”。克伦威尔率领铁骑军扭转了战场上的局面，铁骑军所到之处，敌人闻风丧胆。克伦威尔的声望也日益增高，当上了议会军的司令。

1644年7月2日下午7时，在英格兰北部的马斯顿草原上，议会军和王党军相遇了。王党军统帅鲁伯特和纽斯卡尔率领1万步兵和7000骑兵在草原深处摆下阵势。鲁伯特站在高地上向远处望去，只见议会军黑压压一片站在那里。鲁伯特回头问侍从：“克伦威尔在不在那里？”侍从回答说：“在那里。”鲁伯特心情立即沉重起来，他早知道克伦威尔能征善战，现在又见对方阵容整齐、士气高昂，怎能不担忧？他沉默了一阵，转身进了帐篷，准备用晚餐。

“轰隆！轰隆！”

议会军的大炮开始轰击。紧接着，2万名步兵和7000名骑兵分三路发起了冲锋，迅速向王党军杀了过来。

鲁伯特没想到克伦威尔会这样快就发起进攻，急忙下令迎战。他们虽然打退了左翼的议会军，但中路已被克伦威尔亲自率领的铁骑军突破。王党军骑兵抵挡不住，掉头逃出了战场。议会军越战越勇，一鼓作气地追杀起来。王党军步兵失去了骑兵的掩护，立即全部溃散。鲁伯特见大势已去，急忙带领少量残兵败将仓惶逃跑。这时候，太阳刚刚落山，短短的时间内，议会军就取得了决定性的胜利。

改组议会军

议会军虽然在马斯顿草原大胜王党军，但查理一世的势力依然很强大。议会内部矛盾重重，有人竟私下和国王谈判。查理一世利用议会军内部的不团结，两次大败议会军。

克伦威尔感到必须改革议会军，他在议会开会时，向保守派严正指

【剑桥名人语录】

美貌倘若生于一个品德高尚的人身上，当然是很光彩的；品行不端的人在它面前，便要自惭形秽，远自遁避了。

出："如果不改组军队，如果不更加有力地进行战斗，人民就不会再忍耐下去了。"

1645年1月，议会通过《新军法案》，授权克伦威尔建立一支2.1万人的军队，改组后的军队称新模范军。新模范军的士兵有三分之一来自"铁骑军"。克伦威尔制定了严肃的军纪：士兵骂人罚12便士；喝酒要挨军棍；禁止盗窃、奸淫，否则要处以严厉的刑罚。克伦威尔还打破门第观念，大力提拔英勇善战的下层平民。这样一来，部队的战斗力更强了。

1645年6月14日清晨，英格兰中部的纳斯比村被浓浓的大雾笼罩着，议会军和王党军在这里展开血战。查理一世想利用大雾做掩护偷袭议会军，当王党军呐喊着冲入敌方阵地时，却发现议会军帐篷里空无一人，查理一世才知道上当了，但为时已晚。克伦威尔早料到王党军要偷袭，已经做好了埋伏，又亲自率领一支人马绕到王党军后方。两边同时发起冲锋，夹击王党军。查理一世首尾不能相顾，大惊失色，急忙化装成一个仆人逃到苏格兰。王党军被彻底击溃。

1649年1月30日，查理一世被送上了断头台。查理一世被处决仅一个星期，苏格兰议会便宣布拥立查理一世的儿子查理二世为国王，并且加紧备战，准备出兵讨伐英格兰。

克伦威尔得到消息，迅速进军，不久就攻占了苏格兰首都爱丁堡。

"哈哈，看来这场戏快演完了。"克伦威尔坐在苏格兰宫廷内的国王宝座上，踌躇满志地说。

"是，将军，您进军神速，真

是古今少有。”身边的侍从附和道。

“你真是个天才，将军，最近这一仗，我们一下子打死了3000名苏格兰士兵，还俘虏了1000人。这次一定能抓住查理二世，像查理一世一样，也要他上断头台。”另一个侍从说道。1651年9月3日，克伦威尔全歼苏格兰军队，查理二世逃到了法国。克伦威尔占领了整个苏格兰，从此，他获得了“常胜将军”的称号。

随着军事上的胜利，克伦威尔的个人野心也膨胀起来，已不满足于仅仅指挥军队，他要独揽大权。

1653年4月19日，克伦威尔在伦敦白厅召开军官会议，要求议会自动解散。

第二天，议会召开会议，准备了一个新的选举法，公开对抗克伦威尔。

“我马上到议会去，给那些夸夸其谈的老爷们一点颜色看看！”克伦威尔听到这个消息，非常恼火，立即带着一支军队冲进议会。

“议员先生们，你们整天只会空谈，上帝已经抛弃了你们，要选择更好的人来执掌政权！”克伦威尔高声喊道。

【剑桥名人语录】

在开端起始时善用时机，再没有比这种智慧更大的了。除了知识和学问之外，世上没有任何其他力量能在人的精神和心灵中，在人的思想想象见解和信仰中建立起统治和权威。

“你怎么敢污辱议会！”议员们愤怒地指责克伦威尔。“够了，够了，你们这群废物，我不承认你们这个议会，我取缔你们！”克伦威尔怒吼道。

“你敢破坏英格兰神圣的法律?！你疯了！”

“你们统统给我滚出去。”克伦威尔一挥手，士兵们冲进议会，议员们全被拖了出去。

“把选举法草案拿来！”克伦威尔走到议会秘书面前，伸手把文件抢了过来，脱下自己的帽子，把文件塞了进去，又重新戴在头上。

“把门锁上！”克伦威尔离开议会大厅时命令士兵。1653年12月16日，克伦威尔就任护国主。他把国家的立法、行政、军事、外交大权都抓在自己手里，成为没戴王冠的国王。他从一个资产阶级革命家，变成了一个军事独裁者。

1658年，克伦威尔病逝。

克伦威尔在1642~1648年两次内战中，先后统率"铁骑军"和新模范军，战胜了王党的军队。1649年，在城市平民和自耕农压力下，处死国王查理一世，宣布成立共和国。1649年英国成为共和国，他实际上掌握大权，派军队占领苏格兰和爱尔兰，并肆意杀戮那里的人民，解散了名存实亡的残余议会，将整个英国置于军事管制下。1653年克伦威尔就任护国公，实行独裁统治。直到1658年克伦威尔在临终前宣布他的儿子理查德·克伦威尔继承护国公一职。理查德无法控制政府，君主制在1660年复辟。

克伦威尔是英国资产阶级革命的领导者、内战时期的军事统帅。他出生于英格兰亨廷登郡的一个农场主和乡绅家庭。克伦威尔17岁进剑桥锡德尼·苏萨克斯学院学习，深受清教思想的熏陶。1628年当选为国会议员，随后因国会解散而失位，1640年召开新国会时重新担任议员。他是忠诚的国会派，反对英王查理一世的封建统治，在议院参与起草《大抗议书》等文献。

1642年，英国第一次内战爆发。7月，克伦威尔向国会提出招募和训练一支军队以同王党进行斗争的请求，获批准后，自己购买一批武器回到剑桥，很快组建了有60人的骑兵队。国会任命他为骑兵上尉带领这支队伍。10月，他率骑兵参加了埃奇丘陵之战。年底，他将队伍扩展到1000余人，成为骑兵团，并按自己的思想和方法加以精心训练。1643年3月晋上校，5~10月，率部参加格兰瑟姆、盖恩斯伯勒、温斯比之战，连战皆捷，开始出名。同年，参与组建"东部联盟军"，并任骑兵司令。

1644年1月，克伦威尔被擢升为中将。7月，参与指挥马斯顿草原之战，因用兵奇巧而击败王党军，扭转战局。他的骑兵因大展雄风而被誉为“铁骑军”。同年12月，他向议院提出改组军队的方案，主张废除雇佣兵制，实行募兵制，建立编制完备、指挥统一的正规军。1645年4月，出任改组后的新模范军副总司令，仍兼骑兵司令。6月14日，在内斯比战役中，以翼侧迂回战术取胜，歼灭了王党军主力。由于战功卓著而被公认为国会中最成功的将领。

1648年第二次内战爆发后，克伦威尔虽曾谋求同国会中的平等派合作，但很快转到军队方面，支持《军队宣言》，并在广大士兵支持下迅速击败反动势力。同年8月，率军出战，在普雷斯顿战役中歼灭支持英王的苏格兰军队主力。1649年1月，在他的坚决支持下，国王查理一世被处死。5月，共和国成立后，出任国务委员会主席，率军镇压了平等派起义和掘地派运动，并远征爱尔兰，从此彻底掌握军队大权。1650年，他由国会正式任命为大将军和共和国武装力量总司令。同年7月至次年9月，率军远征苏格兰，经过邓巴战役和伍斯特战役，最后将苏格兰征服。

大权在握的克伦威尔，于1653年4月以武力解散所谓的“长期国会”，12月被任为“护国公”，从此独揽行政、立法、军事和外交大权。在位期间，他通过英荷战争迫使荷兰接受《航海条例》，1655年出兵远征西属牙买加，并夺占敦刻尔克等，从而为英国夺取海上霸主地位奠定了基础。

【剑桥名人语录】

实践中的失败主要由于不知道原因而发生，正是在这种情况下人的两种企望——对知识和力量的企望——真正相和在一起了。

克伦威尔作为英国新兴资产阶级的代表和杰出的政治领袖，有着卓越的军事才能。他培训“铁骑军”，治军严明，选贤任能，创建了英国历史上第一支正规军；作战中富于计谋，能发挥骑兵快速机动的优势，实施翼侧迂回，连续突击；在英国内战中，发扬了革命军队的政治优势，利用军民的革命热情夺得了最终的胜利，为摧垮英国的封建专制做出了重要贡献。

奥利弗·克伦威尔领导议会军在英国内战中大获全胜，他是才干杰出、叱咤风云的军事将领，是使国会民主政体成为英国政体的关键性的人物。

在他青年时期，英国被各教派之间的纠纷弄得动荡不安，在任的国王信仰并且想实行君主专制制度。克伦威尔自己是一个农场主和乡绅，一个虔诚的清教徒，1628年他被选进议会，但是为期不长，因为翌年国王查理一世就决定解散议会，独自一人统治国家，直到1640年在对苏格兰人作战需要资金的情况下，才召集了一个新议会。克伦威尔又当选为议员。新议会强烈要求国王不再实行专制统治。但是查理一世不甘屈从议会，于是1642年在忠实于国王和忠实于议会的军队之间爆发了一场战争。

克伦威尔站在议会一边。他返回亨廷顿，组织一支骑兵队同国王作战。在历时4年的战争中，他那杰出的军事才能使之声望日隆。在使战争出现转机的关键性的马斯顿战役中，克伦威尔都起了举足轻重的作用。1646年战争结束，查理一世成了阶下之囚，而克伦威尔则被认为是议会方面最成功的将军。

但是和平并没有到来，因

为内部发生分裂，各派别间存在着根本的分歧，还因为国王对此了如指掌而未有求和之意。没过一年，国王潜逃，企图东山再起，重新纠集他的军队。就这样第二次内战爆发了。这场战争继续的结果是克伦威尔击败了国王的军队，从议会中解除了占多数的温和派议员，并于1649年1月30日把国王推上了断头台。

英国这时变成了一个共和国，临时由一个国务委员会来领导，克伦威尔任国务委员会主席。但是保皇党分子不久就控制了苏格兰和爱尔兰，支持已被处死的国王的儿子——未来的查理二世。结果克伦威尔的军队成功地占领了爱尔兰和苏格兰。长期连绵不断的战争最终在1652年以保皇党军队被彻底击败而告结束。

由于战争已经结束，建立了一个新政府的时机应该到来了，但是还存在着实行立宪政体的问题，这个问题在克伦威尔的有生之年从未得到解决。这位清教徒将军能够领导反对君主专制制度的军队赢得胜利，但是他的威望却不足以解决他的支持者中间存在着的社会冲突，不足以使他们对一部新宪法取得一致意见。这些社会冲突和宗教冲突错综复杂地交织在一起，宗教冲突使新教徒内部四分五裂，并且同罗马天主教划清了界限。

【剑桥名人语录】

金钱是品德的行李，是走向美德的一大障碍；因财富之于品德，正如军队与辎重一样，没有它不行，有了它又妨碍前进，有时甚至因为照顾它反而丧失了胜利。

当克伦威尔开始执政时，1640年组成的议会所保留的成员都属于一个数目不多、无代表性、过于激进的少数派，即所谓的残余议会。起初克伦威尔想要通过谈判来进行新的选举，但是当谈判破裂时，他就用武力解散了残余议会。从那时起直到1658年克伦威尔去世为止，曾先后成立和解散了3个不同的议会，采用了两部不同的宪法，但都未能发挥作用。在此整个期间，克伦威尔靠军队的支持来维系统治，实际上他是一个军事独裁者。但是他多次试图建立民主政体和坚持拒绝别人给他加冕，其目的是表明他不想实行独裁统治，他也是迫不得已而为之，因为他的支持者们创建不出一种切实可行的政体。

从1653年到1658年，克伦威尔使用护国主的头衔统治着英格兰、苏格兰和爱尔兰。在这5年期间，他在不列颠建成了大体完好的政体和井然有序的行政机构。他改善了粗暴的法律，扶持文化教育。他提倡宗教信仰自由，允许犹太人再来英格兰定居，在那里实行他们自己的宗教（他们在3个多世纪以前被国王爱德华一世驱逐出境）。克伦威尔推行的外交政策也是成功的。他于1658年因患疟疾在伦敦去世。

在克伦威尔死后的300年间，他一直是个有争议的人物。一些人认为他是个伪君子，他总是宣称承认国会的权利，但他是一个真正的独裁者，他所建立的是一个军事独裁政权。但更多的人认为，克伦威尔对民主的追求是真诚的，他不得已实行独裁统治，这主要是由于局面无法控制所致。他很坦诚，他拒绝加冕，并且从未试图建立永久的独裁统治。他的统治是温和而又宽容的。

“无冕之王”这个词今天已经家喻户晓，但是在17世纪则是对一位伟大人物的专称，他便是英格兰的护国公奥利弗·克伦威尔。

正当欧洲各国卷入30年战争的时候，有一个国家却似乎默默无闻，那便是孤悬海外的英格兰，但是这个国家并没有因为孤立而得到和平。围绕着国王与议会的权力之争，英格兰最终爆发内战。在长达数年的时间里议会军与王党军反复拉锯，英伦三岛可以说是战火遍地、民不聊生。就在此时清教徒出身的克伦威尔走上了历史舞台，他训练了一只由清教徒组成的新军，这支军队因为拥有钢铁一般的纪律而被称作“铁军”，正是这支“铁军”将查理·斯图亚特国王的军队打得全军覆

没。国王查理一世兵败被俘,因为杀戮而疯狂的英格兰人把自己的国王送上了断头台。

但是国王的死并没有给这个国家带来太平，围绕着权力的斗争反而愈演愈烈。苏格兰人虽然最初与英格兰议会一道反抗共同的国王查理一世,但是当国王被英格兰人斩首之后苏格兰人却不干了,因为国王是不列颠岛上的两个国家能够暂时联合的纽带,现在却被英格兰人斩断了,苏格兰仍然尊奉查理一世的长子查理二世为自己的国王，这显然是已经成为共和国的英格兰所不能容忍的。此外信奉天主教的爱尔兰人也不愿再被信奉国教与清教的英格兰议会统治,他们揭竿而起谋图独立。英格兰国内更是一团乱,议会里国教徒与清教徒争吵不休,乡间王党残余肆虐,暴乱更是此起彼伏。

危难之际克伦威尔再次站了出来，议会的国教徒为了把清教徒的领袖克伦威尔挤出权力中心,指派克伦威尔率军前去平乱。这正中了克伦威尔的下怀,他知道议会里的争吵没有意义,自己需要的是实力,而战争正是积蓄实力的最佳借口。于是这位统帅率领着“铁军”东征西讨,几年下来王党残余、苏格兰、爱尔兰全都被打得俯首称臣。战争使得克伦威尔声望如日中天,他的“铁军”也大为壮大,于是这位严酷的统帅再也不甘于成为别人的马前卒。1654年克伦威尔发动兵变,他以武力强行驱散议会,宣布英格兰实行军事管制，自己则实行军事独裁。

不过克伦威尔则遇到了一个名分问题——自己以什么名号统治国家呢？克伦威尔当然有当国王的野心,但是他知道行不通,在注重血统的欧洲,即使拥兵百万,一个平民也不可能成为国王，且不说欧洲各大

国不会承认，英格兰的百姓也不会承认。思前想后克伦威尔决定使用护国公的名号。护国公不是克伦威尔原创，英格兰早有先例，当国王不能理政时由一位公爵主政，称护国公，也就是摄政王。只是过去的护国公都是由王室宗亲担任，而克伦威尔却没有任何王室血统。

在就任典礼上克伦威尔手执权杖，身披华丽的长袍，坐在原来查理一世的王座上，人们对着他高喊万岁，与国王唯一不同的是克伦威尔的头上没有冠冕。但是他的权势已经超越了所有的历代英格兰国王，在当时的欧洲更是无人能及。克伦威尔自称公民，可是部下却称呼他“殿下”，自此整个欧洲都称呼这位护国公为英格兰的无冕之王。

从本质上说克伦威尔就是一个军阀，他本人也深知这一点，因此他的统治一切都以军队为中心，军队就是他的权利源泉。克伦威尔上台后大肆扩军，原本在斯图亚特王朝时期衰落的英格兰军队再次开始令人生畏。陆军的“铁军”超过了3万，克伦威尔是伟大的军队缔造者，他以古斯塔夫的瑞典军队为模板，并且更加强调高效与纪律性。海军更是扩大了3倍多，由40艘主力舰扩大到了120艘，拥有当时世界最好的舰船与船员。资产阶级出身的克伦威尔是典型的重商主义者，他不能容忍荷兰人垄断全球贸易，护国公颁布了针对荷兰的《航海条例》，英格兰的利剑指向了同是海上强国的荷兰。

1650年，荷兰的执政奥兰治亲王威廉二世暴毙，其子威廉三世还是个婴儿，商人党发动政变推翻了贵族党，世袭执政奥兰治家族失去了权势。这无疑给了荷兰军队巨大打击，因为军队的指挥官都是贵族，他们纷纷被解除了职务。毫无准备且指挥系统瘫痪的荷兰军队就这样与如狼似虎的英格兰军队在海上大战一场，结果自然是英格兰大获全胜，荷兰人不得不与英格兰分享海洋霸权与殖民贸易的利益。

击败了海上霸主荷兰，使得克伦威尔声望达到了顶峰，英格兰的军事力量令整个欧洲胆寒。尽管当时的欧洲各国在嘴上没有一个承认这位非法自封的护国公，但是暗地里却对其大献殷勤，其中就包括法兰西首相马萨林与西班牙首相路易·唐·哈罗。两位的目的是相同的，就是把强大的英格兰拉到自己这边。

克伦威尔很享受自己如今的地位，他成了欧洲的仲裁者，现在要考虑的就是把自己的利剑砍向哪边，是英格兰的百年世仇法兰西？还是与英格兰争夺殖民地的西班牙？法兰西与西班牙就好像两只斗得精疲力尽的公牛，而英格兰则是一只蹲在一旁伺机而动的狮子，整个欧洲都在等待无冕之王的一锤定音……

第三章　创新的剑桥大学

剑桥大学作为英国最古老的大学，从办学理念、培养方式到学术氛围、校园环境诸方面均有其独到之处，也正是从这些不同的侧面，反映出剑桥大学与众不同的魅力。

第一课 “议”与“写”

剑桥名言

由智慧所养成的习惯能成为第二本性。

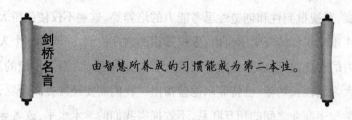

剑桥大学作为英国最古老的大学之一，从办学理念、培养方式到学术氛围、校园环境诸方面均有其独到之处。也正是这些不同的侧面，反映出剑桥大学与众不同的魅力。

强调理性训练和人格塑造的自由教育思想是剑桥一贯奉行的教育理念。其核心内容是：强调获取知识和发展智慧是教育唯一和最高的目的，倡导原创性研究，提倡厚积而薄发，反对急功近利的教育功利主义。与欧洲大陆和美国相反，由于地理环境、社会发展、文化价值观与哲学传统等方面的原因，长期以来，英国较少吸收外来的思想，也较少受到外来思想的冲击，使自由教育思想的基本原则从历史上被继承下来。“在英国

【剑桥大学历史】

由于世人的瞩目，剑桥大学吸引了一些全世界绝顶聪明的思想家，他们在这所大学内创造了很多改变生活的伟大发现。这所大学的学生赢得了诺贝尔奖、菲尔兹奖、艾贝尔奖和许多受人尊敬的奖励。

的教育思想界，基本上占据着支配的地位，英国的教育实践也主要是受自由教育思想的影响”这一理念在教学实践中从各个方面表现出来。

在教学目标上，强调智力的发展重于知识的获得；在课程和专业设置上，强调教育目的的内在性。追求知识本身的价值，反对教育外在的功利目的，重视学术性的专业与课程。在教育学内容上，以培养知识面宽的博学家而不是某一领域的专门人才作为确定内容的标准；在教育目的上，强调理性原则，鼓励学生独立思考、大胆质疑，重视批判性和创造性思考能力的培养等。这些不仅使剑桥大学形成了注重学识深博与学术自由、重视知识的内在价值，强调发挥个人才智和潜力的传统，长期以来也成了剑桥大学的办学理念。对于学校的发展，剑桥大学副校长约翰·巴特菲尔德曾指出：“我们需要经常提高警觉，以保证大学与工商业之间的相互联系，不致损害我们的学术水平，或者导致我们不去认真研究问题。大学必须培养学术自由，这是大学实力的源泉。”可见，是自由教育思想及由此而在剑桥大学形成的博大深厚的知识体系、独立自由的学术传统等熏陶了一代代剑桥学子，使他们不仅学术功底深厚，各方面的能力，尤其是质疑创新能力也出类拔萃。

剑桥大学的培养方式中，除了传统的“听”、“读”、“记”以外，更为注重“议”、“写”等几个环节，通过各种措施来加强学生在这些方面的能力培养。

“议”是表达能力、反应能力、对所学知识的应用能力、逻辑思维能力等方面综合性的训练。席明纳讨论课便是一种有着悠久传统，且行之有效的培养这方面能力的典型授课方式。席明纳形式的特点：一是小班，人数往往不超过20人；二是席明纳的课堂主体是学生，老师只是起组织和引导作用。由于是小班，每次课每个学生几乎都有发言的机会；由于是以学生为主体，要求每个学生都不是像上其他的课那样被动地去听、去接受老师

的观点,而是为了能在课堂上发表自己的见解,需要积极的思考,主动的参与。这样,席明纳与传统的授课方式不仅是形式的不同,更重要的是学生在上席明纳时由被动变为主动,让学生有较多的“议”的机会。从课前对一个专题发言的准备、材料的搜集、提纲的撰写以及课堂上对问题的辩论,对学生都是一种极好的训练。课后,老师通常会把讨论中做的笔录整理总结返回到学生的公共网页上,让学生对课堂知识及其讨论情况有一个准确而深刻的掌握。一个学期下来,通过参与不同内容的席明纳,学生得到了不同的锻炼,经过几年的学习生涯,每个学期不停地“议”,无疑培养了学生发表自己观点勇气和口头表达的能力。

“写”是文字表达能力的主要手段。培养学生的文字表达能力,除了像席明纳这类课程要准备发言提纲外,每学年的论文写作也是一种重要的写作训练。论文的编写和在指定阶段提交毕业论文是教学中的一个重要组成部分。写的训练,一方面是通过一定的量,另一方面是通过不同类型的写作来训练提高写作水平。以建筑系的写作要求为例:建筑系要求学生在3年本科学习时间里要完成包括毕业论文在内的16篇论文。其中一年级要完成6篇,包括:建筑历史初探、建筑思潮及实践之探讨、建筑理论

【剑桥大学历史】

在剑桥大学每个学院都是一个独立的机构，拥有自己的财产和收入。在符合大学的规章制度下，学院独立任命自己的教员并且负责选拔学生。对学生的教学由学院和大学各系共同负责。

初探、构造基本原理、结构设计基本原理、环境设计基本原理。二年级要完成5篇论文，包括：建筑历史初探、建筑、都市化与设计理论、构造原理、结构设计原理、环境设计原理等。三年级要完成4篇论文和一篇毕业论文。从理论及历史的角度对建筑与城市化的进一步研究，在构造方法、建筑技术以及材料特性等方面做进一步研究，针对某一特殊建筑类型在结构分析与设计方面的进一步研究，针对特殊功能要求所进行的环境分析与设计的进一步研究。

从建筑学专业来说，论文的写作既包括了历史、理论，也包括了实际的操作，通过从不同的角度进行论文撰写，使学生的写作能力在不同的层面得到了锻炼。建筑系如此，其他院系亦然，只是根据其专业特点对学生提出不同的要求而已。在大量的论文写作训练过程中，学生的文字表达能力、对问题的分析探究能力都迅速得到了提高。

第二课 活跃的文化融合

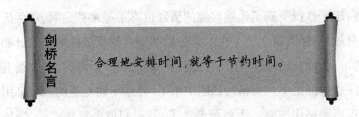

剑桥名言 合理地安排时间，就等于节约时间。

剑桥的一个显著特点是活跃的文化融合与思想交流。下午茶和喝咖啡是剑桥大学长期流传下来的一个传统。下午茶是由校方出资，安排教授们一块吃点心、喝茶、聊天的一种休闲形式；喝咖啡则是师生之间或学生之间一种十分随意的交流方式。学生课间休息、师生间讨论问题，常常就在校园中的小咖啡店或是办公楼内的走廊里进行。表面看来，这种带有浪漫色彩且随意悠闲的形式只不过是紧张工作学习之余的一次短暂休息，但这种轻松愉快的聚会却往往会产生意想不到的效果。事实证明，它往往是思想火花的摇篮，许多重大的科学发现其最初的创意便萌芽于剑桥的下午茶。亚历克·布罗厄斯校长曾戏言：“瞧，喝下午茶我们就喝出了60多位诺贝尔奖获得者。”

最经典的例子便是在剑桥大学传为佳话的F·桑格教授。桑格教授是1958年度的诺贝尔化学奖得主，他曾因成功地测定了胰岛素的分子结构而获此殊荣。当时，他正致力于核苷酸结构的研究，即破译DNA密码。该项研究在生物化学领域具有革命性的意义，而这项研究到当时为止仍然进展甚微。事情是这样的：在一个深秋的下午，当F·桑格教授像往常一样在剑桥品下午茶的时候，周围的教授们正在高谈阔论，而F·桑格教授的目光则被窗外一幢建筑上叶子快要凋零的爬山虎吸引住了，他感叹道："爬山虎虽然凋零了，但明年春天它还会发芽的，可是核苷酸的结构会是什么样子呢?会不会是像爬山虎那样沿着一个方向向前延伸的呢?"桑格忽然似乎有了什么灵感，便向旁边的几位同行谈起了自己的想法。

物理系一位叫彼得的教授向他建议："何不用物理的方法来试试测算核苷酸的结构，就像测定原子甚至质子那样。"这时化学系的琼斯教授也插上了嘴："化学的普通方法也不妨一试，比如荧光染色。"生物系一位白胡子教授听到了他感兴趣的话题也凑了过来："是啊，革兰氏染色就很有效果，还有富尔根染色。染色后都能见到细胞核的核质。如果这样，测定DNA的核苷酸的序列可能会容易一些。"渐渐的，整个茶室里的人的注意力都集中到桑格的话题上来了。各系不同专业的教授都用自己的知识帮桑格出主意。天色渐渐晚了，教授们似乎意犹未尽，副校长威廉教授最后拍了拍桑格的肩头："干吧，没准你又能获得一次诺贝尔奖。"回到实验室，桑格将下午各位教授提出的见解、建议进行仔细的分析，思路也慢慢地清晰起来。第二天他与助手调整了实验方案，采用了过去从未采用过的直读法测定噬菌体的DNA分子的核苷酸序列，进展慢慢顺利起来。一年半以后，桑格和他的助手们成功完成了噬菌体的所有DNA核苷酸的测序。这意味着DNA密码的破译获得了成功。很快，世界最权威的科学杂志《自然》发表了这一成果。

由于这一贡献，1980年桑格教授再次获得了诺贝尔化学奖。

【剑桥大学特色】

在剑桥大学内每个学院内，教师和各学科的学生聚集在一起。这种交叉培养激发了各种观点的自由交流，并且产生了一系列的创新公司。三一学院和圣约翰学院也建立了科技园，为新公司提供设备。

学生与导师的交流，通常是以喝咖啡的形式进行的。在办公室或散布在校园中的小酒馆里，在灯光昏暗的光线下和隐隐约约的背景音乐声中，谈话的氛围显得十分轻松。几个人相对而坐，一杯咖啡在手，导师点燃烟斗，对着学生云山雾罩地神聊，说不定这么被烟熏上几年，就培养出了能说优雅英语、具有绅士风度的学者。导师的学术观点、思维方式在剑桥大学往往是通过这样一种十分轻松、随意的方式传授的。在剑桥大学的历史上，有些小酒吧因此而成为负有盛名的师生会面场所，如剑桥城西南侧格朗彻斯特草地尽头的小酒吧便是其中一个。酒吧墙上挂着罗素、凯恩斯、维特根斯坦等人的照片，酒吧外面有一个苹果园，树下摆了些可坐可躺的躺椅，坐在上面谈论问题，让人有心旷神怡之感，更容易激发人的灵感。

第三课 独具特色的导师制

剑桥名言

我认为善的定义就是有利于人类。

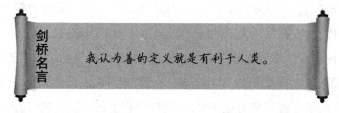

导师制是剑桥一直保持的一大特色。新生一旦入学报到,学院就给他指定一位导师。本科生导师称“Tutor”,研究生导师称 “Supervisor”。

导师是学生所选科目的学者,他负责指导学生的品行,并协助安排学生的学习计划,指导他如何取得进步。学生在开学期间每周必须到导师那里去至少谈话一次。这种谈话叫“Tutorial”(个人辅导)。导师负责指定学生阅读的书目,要求其写出心得报告。学生按时去见导师时,要把心得报告读给导师听,导师做一些评论,二人进行讨论。导师不仅在学业上给学生以指导,而且在品行、心理等方面给学生以指导,成为学生的良师益友。因此,许多学生在毕业后还与导师和同学保持着十分密切的联系。

剑桥大学的导师制是相当严格的。新教师入职指导是在新教师工作的初期阶段向其提供结构性支持(strue-tured support)的一种方式。在新聘任的教师当中,有些由于是剑桥的毕业生,或先前在学院或研究单位任过职,表面上可能已经熟悉了大学的工作。但是,大学或学院生活和工作中的很多方面仍然是他们所不熟悉的,对于第一次来到剑桥大学的教师,这

一问题尤其明显。因此，新教师希望能够得到帮助，而不是独立摸索、自生自灭。这种帮助不需要建立一种详细或严格的机制，可以利用各种资源获得支持。剑桥大学人事部的教师发展小组向新教师提供了这种支持。

【剑桥大学特色】

在剑桥大学学院里，学生们可以获得小团体教学，这就是有名的督导制。督导制是剑桥大学在教和学方面取得成功的主要原因之一。学院和大学支持这项举措，以鼓励来自国立和私立学校的有才能和创新精神的申请者。

新教师进入剑桥时，首先收到一份入职信息。“教师发展”计划还组织了大量活动，特别是专门为新教师召开的两个介绍性会议。这种会议一年召开两次，分别在4月和10月举行，其中包括许多有价值和实践意义的话题。如：大学是如何运行的；大学当前的发展状况；如何与其他新教师建立联系；等等。此外，还有专门为行政人员设计的为期两天的课程。另外，还在各个系和学部建立了教师发展协调者网络(a network of Staff Development Coordinators)，通过这一网络向新教师(尤其在任职的初期)提供关于培训机会的建议和指导。

为了对新教师进行有效的指导，从1996年10月开始，剑桥大学要求所有院系或学部设立新教师入职指导计划。该计划既适用于开始从事新职位的剑桥大学教师，也适用于第一次被剑桥大学聘任的教师。任何刚刚被聘任的学术教师或与学术相关的教师都将被配备一名指导教师（导师或顾问），其职责是向新教师提供建议和日常工作信息，以此作为入职时正式聘任信息的补充。例如，一位新的学术性教师的指导者可以发挥如下作用：1. 提供信息：(1) 关于大学的信息，如大学的结构和安排及主要联系部门；(2) 关于大学辅助设施的

信息，如教师发展、the UL、计算机服务、语言中心、CARET等；(3)关于系／学部的信息，如关于教学、研究和管理的组织和安排。2. 提供建议：(1)关于如何在学部下属的系中实现教学、研究和其他责任的平衡的建议；(2)关于如何与他人建立网络联系的建议；(3) 关于参与其他机构包括学院活动的建议；(4)关于寻求研究资金和研究项目的建议。

近年来剑桥大学与美国麻省理工大学采取了合作办学的模式(MIT)，这是强强联合的一种新的尝试，其合作通过多种渠道进行。一是互派老师，使双方的研究能在第一时间得到交流。二是互派学生，双方不仅相互承认学分，而且两校的学生能有一段时间学习生活在一起，两校不同的学术传统、学习方式得到更为直接的交流与补充，对开拓学生的眼界、激发学生的思想火花有着十分积极的意义。三是通过远程视频授课这种现代科学技术的先进手段，让大西洋两岸两所世界一流学府的课堂教学直接通过视频音频对话，使双方的交流变得更为便捷，身处异地却能在同一时间互相进行讨论交流，达到讨论课的效果。学生们整天生活在各种层次、各种类型的交流氛围中，这是滋生创新火花的温床，这样的学术氛围正是剑桥大学具有魅力的地方。

剑桥小百科

剑桥大学摄政院是大学最高立法与权力机关，由各学院的教职人员组成，有大约3000名成员。他们可以制定或修改学校规章、章程，投票任命副校长、大学会议成员，颁发学位和荣誉学位。决策的制定分两种：第一种是较简单、意见统一的动议(如任命副校长和大学人员)，一般都由大学会议提出，在剑桥校刊上发表公告，如果在10天内没有一定数目的摄政院成员反对，就算通过。

第四课 剑桥名人榜——哲学家伯特兰·罗素

剑桥名言

多做一些，机会将会随之而来。

人物生平

伯特兰·罗素（Bertrand Russell 1872–1970）是20世纪英国哲学家、数学家、逻辑学家、历史学家、无神论或者不可知论者，也是上世纪西方最著名、影响最大的学者和和平主义社会活动家之一。罗素也被认为与弗雷格、维特根斯坦和怀特海一同创建了分析哲学。他与怀特海合著的《数学原理》对逻辑学、数学、集合论、语言学和分析哲学有着巨大影响。

1950年，罗素获得诺贝尔文学奖，以表彰其"多样且重要的作品，持续不断地追求人道主义理想和思想自由"。

1872年5月18日，罗素生于英国辉格党贵族世家。其祖父约翰·罗素勋爵在维多利亚时代两度出任首相,并获封伯爵爵位。其父安伯力·罗素是一位激进的自由主义者,因为鼓吹节育而失去国会的议席;与著名的自由主义哲学家约翰·穆勒是好友。穆勒也是伯特兰·罗素的教父。

罗素4岁时失去双亲,由祖母抚养。他的祖母在道德方面要求极为严格,精神上无所畏惧,敢于蔑视习俗,曾将"不可随众行恶"题赠给罗素,这句话成为罗素一生的座右铭。

罗素的童年是孤独的。祖母没有让他上一般贵族子弟上的公学,而是让他在家接受保姆和家庭教师的教育。罗素在青少年时期先后对数学、历史和文学感兴趣。

11岁时他的哥哥教给他欧氏几何学，从此数学成为他一生的爱好。他的叔叔零碎地给他讲过一些科学知识。他很快发现科学和宗教是有矛盾的，约在17岁时经思考放弃基督教信仰。

那时候,他在祖父的书房里阅读了大量的历史和文学著作,这对他以后的著述有很大影响。

1890年,罗素考入剑桥大学三一学院,学习数学、哲学和经济学。他的数学老师怀特海非常赏识他的才能,介绍他与时任剑桥大学哲学讲师的麦克塔戈和后来成为大哲学家的穆尔相识。

【剑桥名人语录】

最好的办法是把青年人的特点与老年人的特点在事业上结合在一起。从现在的角度说,青年人可以从老年人身上学到他们所不具有的优点;而从社会影响角度来说,有经验的老年人执事令人放心,而青年人的干劲则鼓舞人心。如果说,老年人的经验是可贵的,那么青年人的纯真是崇高的。

罗素于1893年获得数学学位,而后在第四年转学哲学,并获得伦理科学学位。他对选择以哲学还是经济学为职业犹豫不决,但最终还是选择了前者。他撰写了一篇论述非欧氏几何学的研究员资格论文,这篇成功的论文使他在三一学院获得为期6年的研究员资格。至少在20世纪30年代早期

之前，他努力跟踪新物理学的发展。

1894年，罗素不顾家人反对，与比他年长5岁的美国姑娘阿露丝·波尔萨斯·史密斯结婚。

婚后第三年，他和妻子一道去柏林，在那里研究经济学和政治学，仔细阅读马克思的《资本论》，与德国工人运动领袖倍倍尔和李卜克内西等来往，还参加工人的集会。罗素这些活动的成果，表现在1896年出版的《德国的社会民主》这本著作中。第二年，他又出版了《论几何学的基础》，这是在他研究员资格论文的基础上整理而成的。

罗素一生染指女人甚多，感情丰富。罗素在《我的人生追求》一文中说："有三种简单然而无比强烈的激情左右了我的一生：对爱的渴望、对知识的探索和对人类苦难的难以忍受的怜悯。……我寻找爱，首先是因为它使人心醉神迷……我寻找爱，还因为它解除孤独……我寻找爱，还因为在爱的交融中，……我看到了圣贤和诗人们想象出的天堂的前景。"

1900年7月，罗素在巴黎国际哲学会议上遇到了意大利逻辑学家皮亚诺，在皮亚诺的数学逻辑系统中找到他多年来所寻求的"用于逻辑分析的工具"，从而使他在实现把数学还原为逻辑的技术可能性上打开了眼界。罗素对皮亚诺的技术进行改进，而后转到分析数学基本概念工作上。在几个月里，他处于智力上的巅峰状态，灵感有如泉涌，每天都有新的发现和新的收获。

罗素于该年底完成《数学的原理》(The Principies of Mathematics)的初稿，经过仔细修改于1903年出版，这部著作至今依然是数学基础研究发展史上的一个里程碑。

在这之后，罗素和怀特海合作撰写《数学原理》(Principia Mathematica)。罗素主要负责哲学方面内容，怀特海主要负责数学方面内容，他们相互交换草稿，共同订正。

其工作的巨大成果分为三大卷，分别于1910年、1912年和1913年出版。这部著作是20世纪科学的重大成果，被誉为“人类心灵的最高成就之一”，为罗素赢得了学术上的崇高地位和荣誉。

在此期间，罗素并没有忽视哲学的其他方面。他于1905年在《心灵》杂志上发表了《论指谓》这一名文，该文确实出自他对逻辑学的研究并奠定了他著名的摹状词理论基础。他于1911年发表的《亲知的知识和摹状的知识》，首次阐明了这两种知识间的重要区别。

1912年，他在“家庭大学丛书”中出版了《哲学问题》一书，他对这部篇幅不大的著作感到满意，因为它包含了他的许多基本哲学观点。

1914年3月，罗素赴美国，在哈佛大学开课，为诺威尔讲座作系列讲演。他的讲演受到了热烈欢迎，讲演稿以《我们关于外间世界的知识》为题于1914年8月出版。该书所采取的是彻底的经验主义立场，它把罗素置于约翰·洛克、伯克莱、大卫·休谟和约翰·穆勒的继承者的行列。

【剑桥名人语录】

集体的习惯，其力量更大于个人的习惯。习惯真是一种顽强而巨大的力量，它可以主宰人的一生，因此，人从幼年起就应该通过教育培养一种良好的习惯。

随着一战的爆发，罗素对哲学的兴趣被他对欧洲文明面临的巨大威胁之恐惧所压倒，而作为反战人士投身到写作、演说和组织活动中去。

1915年年初,他写了一本反战的小册子《战争恐惧之源》,颇有影响。

1916年,他出版了一本重要的政治著作《社会重建原则》,该书对婚姻、教育、教会等重大问题提出了与流行看法相左的观点,引起了英国各界人士的广泛关注。

自1914年英国参战到1917年年底,他还一直为反战活动而奔波。他组织了“拒服兵役委员会”,并因一张传单而被法院判为有罪,并因此被三一学院解职。

1918年,他因撰写一篇反战文章而被判刑入狱,他在狱中完成了《数学哲学导论》,并开始撰写《心的分析》。

自1916年后,罗素只有相对短期的大学职业,主要依赖写作谋生。这是他以后著述多产的部分原因。

1920年5月,罗素以非正式成员身份随工党代表团访问苏维埃共和国,考察布尔什维克政府的工作。他对苏俄政府的统治感到失望,甚至于恐惧。他的看法在《布尔什维克主义的理论和实践》一书得到阐述。同年8月,罗素应邀到中国讲学。他对古老悠久的中国文化极为敬佩,对中国人的教养和幽默感十分欣赏。在中国时罗素患上严重疟疾,以致日本人谣传他已病故。1921年罗素回到英国,与多拉·布莱克结婚,生有一男一女。父亲的角色使他对教育发生了兴趣,和妻子一道创立了一所实验学校。在罗素看来,这所学校并不成功,而且运转费用昂贵,使他有必要去美国讲学以筹集钱款。1932年，他与多拉离婚，不再参与学校事务，多拉则自己独自经营，直到1943年。

从20世纪20年代到30年代，罗素撰写了大量有关俄国、中国、相对论、历史、教育、性道德、国际关系、宗教和未来社会的著作，其中较重要的有《心的分析》(1921)、《论教育，尤其是幼儿的教育》(1926)、《物的分析》(1927)、《哲学大纲》(1927)、《怀疑论文集》(1928)、《道德与婚姻》(1929)、《教育与社会秩序》(1932)、《自由和组织》(1934)、《宗教和科学》(1935)、《权力：一个新的社会分析》(1938)。

尽管这些活动的许多部分是为了挣钱维持生计，但罗素仍然是各种政治活动孜孜不倦的支持者。20世纪30年代中期，由于厌倦这种生活和需要支撑两个家庭(他于1936年再次结婚，次年得子)，他希望重归大学生活。但这并不容易，因为大学职位稀缺，而罗素又是一位有争议的人物。1938年，他在牛津大学演讲，而后又在芝加哥大学和洛杉矶州大学获得访问职位，最后纽约市立学院给他提供了一个永久职位。此时二战爆发，他被困在了美国。

由于罗素对堕胎、离婚和同性恋问题看法“不够正统”，这个聘任引起了纽约天主教社团的反对，在一场著名的诉讼中被推翻。幸好，哈佛大学仍然坚持原来的邀请，让罗素去作詹姆斯讲座的演讲，为期一年。演讲稿于1940年以《意义和真理的探究》为书名出版。

由于保守势力猖獗，罗素的其他讲学和旅行计划纷纷告吹，各家报纸也不敢向他约稿，这使罗素差不多完全失去维持生计的手段，处于孤立无援的境地。这时，费城的百万富翁巴恩斯博士把罗素从困境中解救出来，邀请罗素在费城的巴恩斯艺术基金会讲授西方哲学史(为期5年)。尽管巴恩斯于1942年解雇了罗素，但他永远解决了罗素的财务问题，因为罗素得到了一笔数目可观的违约金，而他的演讲则成为使他获得巨大成功的《西方哲学史》(1945)的基础。这部作品是他后期国际声誉的主要来源之一，而其版税则是收入的主要来源。

1944年，罗素回到英国，并接受了三一学院的聘请，在那里完成了最后一部重要的哲学著作《人类的知识》(1948)。他的返回不仅标志着他与三一学院关系的改善，而且标志着他与英国行政机关关系的改善。1949他被选为英国科学院荣誉院士，1950年英王乔治六世向他颁发“功绩勋章”，这是英国的最高荣誉。

1950年，罗素应邀去澳大利亚作巡回演讲，他除了在各地演讲，还在电视台发表演说、到大学开设课程，并给报纸撰稿。他的演讲稿后来编成《变化中的世界的新希望》一书。接着，他应邀到美国讲授哲学。在去普林斯顿大学作演讲的途中，传来诺贝尔奖金委员会向他颁发文学奖的消息(获奖作品为《婚姻与道德》)，发奖的原因是罗素的“哲学作品对人类道德文化做出了贡献”。罗素飞抵瑞典受奖，发表获奖演说《政治上的重要愿望》，他借这个重要讲坛呼吁世界和平。约在同期，他与第四任妻子结婚。

罗素—爱因斯坦宣言

斯大林逝世后，罗素对苏联政府的态度趋于缓和，而核战争的威胁开始支配他的思想。他晚年最为关心的就是在这个拥有核武器的世界中人类的前途。在20世纪50年代,他广泛撰写有关战争危险的文字,并越来越感到需要行动。他于1955年争取到爱因斯坦的支持(爱因斯坦在同意信寄达前不久逝世),发表了著名的《罗素—爱因斯坦宣言》(或称《爱因斯坦—罗素宣言》)。他还向各国著名科学家征集签名,召开了一次世界性会议,商讨采取什么实际步骤来应对由原子武器出现面临的危机。由于签名的著名科学家很多是诺贝尔奖获得者,该宣言造成了很大影响。其后,该会议逐步演变为著名的《维也纳宣言》。

罗素于1958年为促进核裁军活动,而后创立非暴力反抗运动百人委员会。1961年,他因煽动非暴力反抗运动再次入狱。对罗素来说,20世纪60年代是政治上忙乱的年代,他对许多事业给予支持,反对越南战争,并与让·保罗·萨特一并成立了罗素—萨特特别法庭。1964年,他建立了"罗素和平基金会",为筹集基金而拍卖了他的部分文献档案。他于1967年出版了他的最后一部著作《在越南的战争罪行》。他的最后政治声明是有关中东的,谴责以色列袭击埃及和巴勒斯坦难民营。这个声明写于他逝世(1970年2月2日)前两天,这说明罗素在生命的最后时刻还在为世界和平事业和人类的前途操劳。

个人成就

政治方面。罗素有时坚持说,他的哲学观点和政治观点毫无联系,但他的传记作家艾伦·伍德认为这不是真的。伍德认为,罗素的哲学观点和其他方面的观点之间存在着极为明显的联系。如罗素在哲学上倾注的全部心血就在于试图摈弃先验的观念而注重经验性,他的政治思想也具有这个倾向。正因为罗素对政治问题的看法所依据的是当时的实际情况而不是先验的原则,因而他

【剑桥名人语录】

当你遭遇挫折而感到愤闷抑郁的时候,向知心挚友的一度倾诉可以使你得到疏导。否则这种积郁使人致病。朋友之间可以从两个方面提出忠告:一是关于品行的,二是关于事业的。

的政治见解具有经验性和现实性，随着实际情况的变化而变化。

罗素是一个自由主义者，但他反对一切反抗行为所怀有的那种天生的激进态度和同志感情，却使他对社会主义者反抗贫困的斗争深表同情，因而他的自由主义并不是古典自由主义，而是具有浓厚社会主义倾向的自由主义。作为一名自由主义者，罗素坚持个人的基本自由不应受到侵犯。他认为，实践中的个人学说包括两个方面：一方面，个人除了经过应有的法律程序以外，不应接受处罚；另一方面，应当有一个范围，在这中间个人的活动不受政府控制。这个范围包括言论自由、出版自由和宗教自由，它通常还包括经济上的经营自由。罗素承认这些自由是有限制的，即便是非常重要的表达意见的自由也以不危及国家安全为先决条件。至于经济上的经营自由，罗素是在一定范围内赞成的，他反对经济权力的集中——不管是集中在国家手里（斯大林模式），还是集中在卡特尔手里（帝国主义）；同时，他希望对私人财产的所有和使用实行严格的限制。他不是不同意一个人应该享有他自己的成果这一原则，但他认为继承财产是没有道理的，甚至在不依赖继承的财产这种罕见的情况下，他也反对大企业的私人所有制和土地的私人所有制。

正是由于罗素的主张对自由的限制，他甚至把自己说成是社会主义者。他早期的两部严肃的政治理论著作是分别于1916年和1918年出版的《社会重建原则》和《自由之路》。在这些书中，罗素提倡一种基尔特社会主义，这种体系有一个要求，即工人管理工业，而不是由政府管理。罗素认为，国家权力是一种势在必行的恶，应该被限制，他还把"国家权力过大"看作"现代世界不幸的根源"。《社会重建原则》是罗素为反对第一次世界

大战、宣传和平而撰写的政治理论著作。他在该书中企图创立一种政治哲学，以提供一种比较好的政治模型。在《自由之路》中，罗素则纲要式地论述了他所主张的基尔特社会主义制度。他相信“这是目前为止最好的建议，而且是一种能得到自由的制度，但又没有在完全无政府主义政体下所最可怕的经常诉诸暴力的现象”。《自由之路》中对无政府主义等方面的描述确有其独到之处，至今仍然值得一读。

女权方面。一战后，罗素日渐表现出对道德和社会问题的极大兴趣。尽管他论述性关系和女性解放的著作只占他作品的一小部分，但恰恰就是这些著作比他的其他所有著作都更强烈地引起社会的普遍关注，并且产生了更直接的影响。没有一个人像他那样改变了整个新的一代人对性道德的看法，而且，在他的有生之年，他看到一度被视为一场狂热者卷起的旋风的女权主义运动这一事业大功告成，成为国家法律和人人接受的行为准则的一部分。

罗素认为清教徒对待性的态度是人类不幸的根源。他在1929年出版的《道德与婚姻》一书中，倡导试婚和离婚从简，对婚外性行为和同性恋现象持一种宽容的态度。这很快招致宗教界人士的激烈反对，而且于1940年年初受到法庭审判，他被禁止入纽约市立学院任教。然而，戏剧性的是，罗素于1950年因该书获得诺贝尔文学奖。

哲学方面。罗素最早对数学产生兴趣，然后才逐渐转向哲学方面，因此他在数学方面也有很多重要的建树。在数理逻辑方面，罗素提出了罗素悖论。罗素在1900年便认识到，数学是逻辑学的一部分。1910年，他和他的老师阿尔弗雷德·诺斯·怀特海一起发表了三卷本的《数学原理》，在其中对这一概念做了初步的系统整理。

【剑桥名人语录】

人的天性虽然是隐而不露的，但却很难被压抑，更很少能完全根绝。即使勉强施压，只会使它在压力消除后更加猛烈。只有长期养成的习惯才能多少改变人的天生气质和性格。

哲学上罗素最大的贡献是

和G·E·摩尔一起创立了分析哲学，此外他还在认识论、形而上学、伦理学、政治哲学和哲学史方面做出过贡献。在剑桥大学时，罗素信奉唯心主义和新黑格尔主义，但是在1898年，在摩尔的影响下罗素放弃了唯心主义，转而研究实在论，并很快成为"新实在论"的倡导者。罗素此后始终强调现代逻辑学和科学的重要性，批判唯心论。

罗素的分析哲学由此诞生：通过将哲学问题转化为逻辑符号，哲学家们就能够更容易地推导出结果，而不会被不够严谨的语言所误导。罗素认为哲学和其他自然科学的不同只是在于其研究的方向（哲学研究更广泛的内容），但他们的研究方法应该是相同的。哲学和数学一样，通过应用逻辑学的方法就可以获得确定的答案，而哲学家的工作就是发现一种能够解释世界本质的一种理想的逻辑语言。

历史方面。绝大多数分析哲学家缺乏历史感，忽视历史问题和历史研究，而罗素却对历史和历史理论终生嗜之不倦。他写过几十篇历史论文和三部历史专著，这三部是：《自由和组织》《1902–1914年协约国政策》和《西方哲学史》。其中，《西方哲学史》是一部脍炙人口的哲学史著作，其全名是《西方哲学史及其与从古代到现代的政治社会情况的联系》，它在很大程度上力图从历史的角度来观察哲学思想和发展，其引人入胜的原因在于作者的历史眼光不亚于作者的哲学见解。该书出版后很快成为西方出版界的畅销书，确立了罗素作为一位历史学家在读者心目中的形象和地位，有许许多多的年轻人，正是被这本书的独特魅力所吸引而走上了哲学道路。

罗素认为，我们不能忽视历史知识的价值和意义，其原因在于历史学能“开阔我们的想象世界，是我们在思想上和情感上成为一个大的宇宙公民，而不仅仅是一个日常生活的公民而已。它以这种方式，不仅有助于知识，而且有助于智慧”。哲学不仅追求知识，而且追求智慧。历史在这个根本点上与哲学是相通的。

罗素的历史哲学或他对历史的解说，既不是思辨的历史哲学，也不是分析的历史哲学。一方面，他并不凿空立论，想要为历史构造出一套思辨体系来；另一方面，他并不对历史命题进行逻辑或语言分析，也从不讨论历史认识的性质、可能性和客观有效性等问题。历史对于他只是朴素的事实，他经过对这些事实进行反思后，得出自己的理论和理解。像心理分析学家解释梦一样，罗素对历史学所做的工作，就是把错综复杂的历史现象，用人心之中最深邃的欲望作为一把钥匙来解开。因此，他对历史的理解，是根据他对人性的理解的一种看法，基本上是常识性的看法。他认为，人类历史是不断前进的，由专制而民主、由愚昧而启蒙、由残暴而宽容、由迷信而科学，他的这个基调乃是得自反思的信念，而不是从某种思想体系或逻辑分析推导出来的结论。因此，罗素的历史哲学被悉尼·胡克称作是“反思的历史哲学”。

多元的人性论是罗素历史观的核心部分。他认为，研究历史就是研究人性，即人性在不同历史条件下的具体表现。而历史作为一门学科，乃是人性动力学或人性发展史。罗素把人类的天性最后分解为三个不可简约的组成部分：占有欲（物质财富）、权力欲（统治权力）和创造欲（智力活动）。在其多元论的历史观中，罗素特别强调权力欲的作用。在《权力：一个新的社会分析》中，他认为，“正统经济学家假设经济的利己主义可以当作是社会学的基本动机……这是完全错误的”，因为人类不单纯是受着物质享受的欲望的驱使的，往往“他们所要追求的是权力，并不是财富”，这时“他们的基本动机不是经济的”。因此罗素自称：“我所关心的是要证明，社会科学上的基本概念

【剑桥名人语录】

人们大半是依据他的意向而思想，依据他的学问与见识而谈话，而其行为却是依据他们的习惯。

是权力”,而“权力也像能力一样,有许多形式”,它们“没有一样可视为附属于其他东西,没有一种形式是导源于其他形式的”。这就是说,权力欲和占有欲一样是根本性的,我们不能用其中的一个来解释另一个。所以,历史不能看成只是物质财富运动的一个函数。

在罗素看来,历史生命的内容是如此之丰富,乃至不可能被纳入到任何一个人理论框架内。人生的各种因素,如饮食、男女、贪婪、追逐享乐、权力斗争、虚荣心、创造欲等,都是本能,都在起作用,所以就都是人的行为的动因,从而也就是历史的动因。他无异于并且认为也不应该把这些都归纳为一个一元的理论结构。

经济方面。在《悠闲颂》(1935)中,罗素比凯恩斯先行一步,向那些总是一味赞扬节俭、反对消费的传统经济学家挑战。他写道:“只要一个人把他的收入用于消费,那么他也就是把面包送到别人嘴里。……从这个观点来看,真正的恶棍乃是节俭的人。”他认为“节俭这可恶的罪行”,是能够导致失业的。罗素说,如果节俭者使用手里的钱,哪怕是用于饮酒、赌博或者拿来请客招待朋友,那都是极好的事。那些经济学教授们,把罗素的这一观点轻率地说成是一位偏离本行的哲学家所犯的可笑错误,对之根本不予理睬。而自凯恩斯的《利息、就业和货币通论》(1936)发表后,这个观点已经成为众所公认的经济学说的一部分。

伦理与爱方面。美好人生中,爱和知识是必需的。在某种程度上爱更为重要。爱将激励我们去寻求知识,从而更清楚地知道如何使我们所爱的人获益。

如果没有知识,我们可能相信

道听途说，好心做了坏事。

【经典语录】

书读的越多而不加思考，你就会觉得你知道得很多；而当你读书而思考得越多的时候，你就会清楚地看到，你知道得很少。

最完美的爱是欢喜和美好愿望不可分割的统一。没有美好愿望的欢喜可能是残酷的和自私的；而没有欢喜的美好愿望又可能会是冷漠和高傲的。

爱能使人的欲望变得协调，而非冲突。两个相爱的人可以成败与共，而相恨的人，一方的失败则是另一方的成功。

欲望方面。蟒蛇吃饱之后就会开始睡眠，除非到了需要另外一餐之后，决不会醒来。而人则不一样，人吃饱之后，绝不会就此满足，反而更为欲望丛生。人的欲望有四种：贪婪、竞争、虚荣、权力。

贪婪是一种巨大的动机，希望有尽可能多的财富或财富的控制权。无论你拥有多少，你总是希望得到更多，永远不会满足。如果说贪婪是渴求比原有的多得多，而竞争则是比别人的多得多。如果竞争比贪婪更为强烈，得不到有效的控制与管理，那么这个世界将成为最不幸的地方。

虚荣是一种有巨大潜力的动机，它是人们内心深处一种最重要的欲望，它的表现形式多样。虚荣带来的重要问题之一就是自我不断膨胀。

权力欲近似于虚荣，但有所不同。满足虚荣心的是荣誉。拥有荣誉却不拥有权力较之拥有权力而不拥有荣誉是件容易的事。拥有权力的人可以管制仅有荣誉的人，而仅有荣誉的人却不能管制有权力的人。所以对于有野心的人，权力欲更为强烈。在权力欲的驱使下，人更热衷于施加痛苦而不是使人快乐。拥有权力的人在对别人说“不”的过程中比同意会得到更大的满足。正因如此，权力欲成为一种危险的动机。

金钱崇拜指的是一种信仰，即认为一切价值都要用金钱来衡量，金钱是人成功与否的唯一尺度。这种错误的成功理念引导人们残害了自己的本性，降低了人生的快乐，增加了紧张的感受，使整个社会变得消极、厌倦、缺乏幻想，使人心中一切伟大的愿望陷于沉寂。

【剑桥名人语录】

播撒的越多，得到的就越多；保留再多也是缺少，还不如大方地给予。自由的灵魂会被滋养，因为在浇灌万物的同时也浇灌了自己。

由于惧怕失去金钱，从而使人有了更多的忧虑和烦恼，使人把获得幸福的能力消耗殆尽。

人物影响

在现代西方哲学界、逻辑学界以及社会政治领域内，罗素都享有崇高的声誉。

在学术领域，他不仅是风靡20世纪的分析哲学的主要创始人，而且是对数学逻辑的发展做出过重要贡献的逻辑学家，他在政治领域所从事的大量活动，在国际舞台上有很大影响。

作为分析哲学的主要创始人，罗素对分析哲学的影响不仅仅表现在他所提出的观点上，而且表现在他对分析哲学的其他两位创始人穆尔和维特根斯坦、对逻辑实证主义主要代表人物卡尔纳普、对逻辑实用主义的主要代表硼因等人，都产生了直接的影响。

作为一位逻辑学家，罗素甚至被看作是亚里士多德以来最伟大的逻辑学家。他在数学逻辑方面的贡献是举世公认的，他和怀特海合作的《数学原理》一书已被公认为现代数理逻辑这门科学的奠基石。他所提出的“罗素悖论”刺激和推动了20世纪逻辑学的发展，他的类型理论为解决这个悖论做出了重大贡献。他所主张的逻辑主义——即认为可以用逻辑概念来定义数学的核心概念，也对数学发展产生了一定影响。

作为一位社会活动家和社会思想家，罗素数十年如一日地致力于教育，伦理、婚姻、社会改革、历史、政治的探讨以及女权主义运动与和平运动。他的探讨和活动改变了人们对生活的态度，使无数人走进哲学，他的知识成果在全世界开花，灿烂夺目。

罗素被人们称为世纪的智者。凡是心灵观照整个世界的人，在某种意义上就和世界一样伟大。他摆脱了被环境奴役的人所具有的恐惧后，便体验到一种深沉的快乐。

第四章　剑桥的教学理念

剑桥能够人才辈出，与它的人才选拔及培养方式有很大的关系，剑桥最看重的是学生的潜力。剑桥的教学理念充分体现了"教中学"，即在老师的引导中学生自己完成学业，学生参与到教学过程之中，而不是老师"教"、学生"学"——两者分开的教学模式。

第一课　学院自治的办学特色

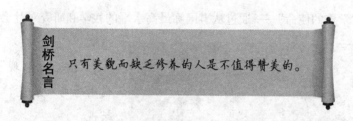

剑桥名言　只有美貌而缺乏修养的人是不值得赞美的。

剑桥大学是一所与牛津大学齐名的古老学府，2009年举办了800周年校庆。它与牛津至今仍实行的是独有的学院制大学体制，这种学院制不同于现代大学的法学院、文学院等专业学院的建制含义。

首先，它是综合性的，每个学院学科齐全，文理工的学生与老师都有。

同时，它具有独立性，招生、财务甚至对外交流都门户独立，与学校关系松散；具体地说，学校只管发给学生学位证书。

【剑桥大学特色】

除了剑桥大学提供的资源外，每个学院都有他们自己的图书馆和运动设施，有一些还有自己的酒吧和剧院。在剑桥这座城市的街上可以听到超过50种语言，包括西班牙语、葡萄牙语、汉语和韩语等。

剑桥现有35所学院，其中以三一学院（Trinity College)、国王学院(King's Col-lege)、圣约翰学院(saint John's College)最为著名。培根、拜伦、牛顿都出自三一学院，三一学院这一所学院就有30多位诺贝尔奖获得者。

剑桥大学实际上只是一个组织松散的学院联合体，各学院高度自治，但是都遵守统一的剑桥大学章程。该章程是由大学的立法机构起草通过的，每年还会修订。

剑桥大学只负责考试与学位颁发，而招收学生的具体标准则由各学院自行决定，并自行招生。

剑桥的35所学院错落有致地分布在只有10万人左右的小镇里。这些学院建于不同的时代，最早的已有七八百年历史了。

就像它们的建筑一样各具特色，每所学院都有各自的风格和独立的个性。

“学校的使命”——通过从事国际最高水平的教学和研究对社会做出贡献。

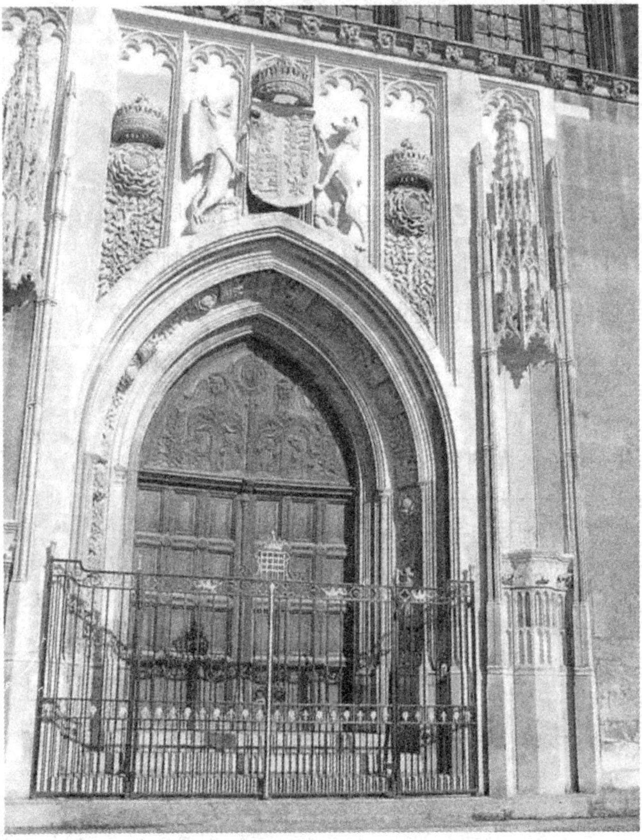

“核心价值观”——自由思考和表达，没有歧视。

“教育指导原则”——鼓励提问精神，学科面要广泛，保证所有学科的质量和深度，教学和科研密切联系，大力支持研究人员，加强学生终身学习能力。

“大学与社会的关系”——入学人人平等，通过知识的探寻、传播和应用而服务于社会，作为学术界与当地社会的桥梁，与企业、慈善基

金和医疗机构建立建设性合作关系，关心可持续发展和环境问题。

“学院制的大学”——这是剑桥的基本特性，学院内多学科交叉是对教学的最大促进，学院制对师生关系和学生培养有很多好处。

“对教职员的态度”——承认教职员是学校最重要的资产，鼓励所有教职员完善发展自己。

要了解剑桥大学必须了解其学院与大学之间的关系。剑桥的学院有独立自治的传统，自有资产和收入，自订章程。

剑桥的强项是对每个学生的学术成长给予个性化的关注，而这正是通过学院来实现的，学院鼓励自由交换意见和不同领域互相启发以产生新的想法。

学院是学生食宿生活和社交的场所，也是小组辅导的地方。这种导师与学生的小范围教学是剑桥教育质量得到世界公认的要素之一。

由于学院自治，校一级行政机构很小，绝大部分日常管理由各系教师代表完成，学校通过3年修订一次的校章加以指导。学校的权力是考试和授予学位。

在招生方面，学校控制入学标准，学院具体选择录取和接待学生。学生必须先被学院接受才算进了剑桥大学。

近年来由于大型公用设施增加，普遍采用大课讲授，学校聘任的教师已成为教学主力。

剑桥大学最强的学科包括疾病研究、新材料、通信、宇宙起源等。

剑桥大学对科研成果转化采取开放的态度，鼓励合作研究，公司可以使用它所资助的项目的研究成果。

剑桥小百科

大学的现任名誉校长是爱丁堡公爵，副校长是乐思哲教授。名誉校长办公室只是形式上设置的，而副校长则是大学实质的学术和行政首脑。大学内部的管理是由大学的各个部门独立进行，而仅有少数的对外事务由大学中央机构委派代表处理。

第二课　注重学生的潜力

剑桥名言

真理是时间的女儿，不是权威的女儿。

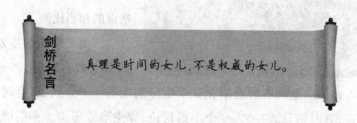

剑桥大学能够人才辈出，与她的人才选拔及培养方式有很大的关系，剑桥最看重的是学生的潜力。这一点首先体现在录取学生时，很重视面试环节。面试时的提问，一般没有标准答案。与国内强调标准答案不同，她非常重视你回答“yes”或“no”之后的自我陈述与延展，着重审视你的思维能力与兴趣焦点。

剑桥对潜力的看重同时还体现在教学中。剑桥充分体现的是“教中学”，即在老师的引导中学生自己完成学业，学生参与到教学过程之中，而不是老师“教”、学生“学”，两者分开的教学模式。

这种教学理念，从课程类型设置上就已经贯彻其中。

【剑桥大学特色】

剑桥，意思是剑河之桥。这里的确有一条剑河，在城市里，转了一个大的圆弧形后向东北流去。河上修建了许多桥，沿剑河从南到北有20多座桥，所以这个城镇的名字也叫剑桥。

剑桥的课程分为三类：一类是“lecture”，由老师讲授，一般一次课为1小时。

每次老师都发给学生本堂课所涉及的主要参考书目以及主要引文的打印单张。

第二类课叫“class”，时间为1个半小时，由老师组织教学，学生的参与占到每次课的相当比例。

因为要组织学生发言，选课人数有限制，一般会在20人以下。老师有时会事先让学生分别准备一个分问题，有时是随意发言，有时则分成3~5人一个小组讨论，课堂形式不拘。一门课具有连续性。

而第三类课“senlmar”，是讨论课，一般一次课为2小时。有的研讨课每次专题不同，经常是外面请来的主讲人在短时间内宣讲一个专题，然后大家自由发言讨论。它一般在傍晚开始，课后常常会有去酒吧继续边饮边聊的mealparty。

剑桥的Eagle酒吧，就因为DNA的两个发明人经常在壁炉前对饮谈天而有名。

剑桥大学每门课的课时都不多，但考试很严格。剑桥大学的很多课程都会放在一学年末考试，所以，才会有大考之后的大放，每年的May Ball是剑桥大学著名的狂欢周。

老师出的卷子，会让别的老师看，甚至请校外的老师检查，有专门负责考试事务的examiner。剑桥大学的教学模式培养了一批批优秀的顶尖级人才。

牛顿的万有引力定律，世界上第一台计算机，DNA基因理论都出自剑桥大学，它们推动了人类历史的进步。当今与牛顿同一重量级的霍金就在剑桥大学数学中心。

国内的教学，因袭“教”与“学”分割的传统，满堂灌的填鸭式教学，使学生习惯于背笔记，自主与能动学习较少，创新驱动力不足。现在有一个说法，国内中等型人才批量存在，而缺少顶尖级人才，是否与教学的传统模式的影响有关呢？

剑桥小百科

Lecture 给本科生开得多，而研究生则 Seminar 多一些。无论哪一类课，学生都很活跃，有浓厚的参与兴趣。比如，在期末针对老师的调查问卷中，有一道题是你认为老师讲得太多、太少和适中，就会有学生选择老师讲得太多。

第三课　坚持以学生为本

剑桥名言

读书给人以乐趣，给人以光彩，给人以才干。

剑桥大学奉行“大学因培养学生而存在”的理念，鼓励学生主动探求未知的领域，对学生关怀备至，给予学生足够的学习自由和学习空间，为学生成长营造优良的学习环境。

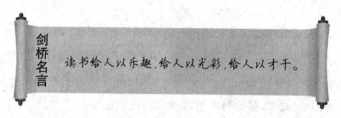

由于传统文化和大学领导管理体制的影响，大学存在浓厚的官本位意识，大学并不因培养学生而存在，培养学生只是大学存在的手段而已。所以，尽管我国大学存在以学生为本的口号，但大多都只是停留在口头上，并没有在大学体制、规章制度、工作常规、教学活动中得到实际的体现。在教学上，不是引导学生主动学习和主动思考，而是一味地满堂灌,学生只是被动地接受灌输的知识,很少独立思考。如此,要培养出一流的学生,是完全不可能的。

大学因学生而存在的教育理念,一切工作围绕学生的培养而展开,行政工作应当发挥服务职能,以学生服务工作的内容和质量作为评价标准;

【剑桥大学特色】

位于剑桥大学克莱尔学院的那座桥是最古老的桥,修建于1640年。它之所以是最古老的,是因为同时代的其他桥已经在内战中被议会的军队毁坏了,它的修筑是为了巩固剑桥镇的防御。

应当通过规章制度将服务学生的工作常规化、日常化,使行政干部自觉在学生服务工作中实现自己的人生价值,使教师将教学作为自己第一位的工作,以培养学生理性思维能力和主动创新能力为目的,积极投身教学改革,建立以学生发展为本的教学工作体系。

剑桥大学坚持"造就绅士"的教育理念,强调对人的理性训练和人格的塑造,认为教育的唯一和最高目的是获取知识和发展智慧;倡导原创性研究,提倡厚积而薄发,反对急功近利的教育功利主义。

在关注学生专业发展、知识学习和市场适应能力的同时,大学更应该重视对学生进行品德修养教育,在课程设置、教学活动和生活指导中,更多地融入价值观教育、理想教育、信念教育、德行修养教育,使大学生成为社会的道德楷模,从而引领社会的文明进步。

当然,对大学生的道德教育应当建立在大学自身的道德建设上,如果大学自身缺乏道德,缺乏社会责任感,大学领导以做官的姿态对待办学,教师不以学术为上,没有潜心学问、献身真理的精神气质,那么,大学生的道德教育是不可能开展起来的,即便在形式上开展了,实际上也是不可能有好的效果的。

大学应当成为社会的良心,大学的文化环境和氛围应当是高尚社会文化的典范,大学应当以优良的文化塑造大学生的精神世界,应当以优良的文化领导社会进步的方向。

剑桥大学前校长布罗厄斯曾指出:"剑桥在艺术和人文方面的成就绝

不逊于科技方面的成就。”

剑桥大学曾经是古典人文教育的中心之一，现代的剑桥大学在重视发展自然科学、实施科技教育的同时，也注重人文社会科学建设，进一步加强人文社会科学教育，其根本目的就是要培养服务社会经济发展的精英人才。

剑桥大学人文和科技相结合的教育理念使其在人文教育和科技教育方面都取得了卓越的成就。

剑桥大学是一所将古老与现代完美结合的典范大学，在人才培养工作方面，它也实现了传统与现代的有机结合。

剑桥小百科

剑桥大学既是一所古老的传统大学，又是一所现代化的大学。在继承其 800 年的历史传统的基础上，剑桥大学坚持其特色并不断创新，长期保持其世界领先地位而不动摇。剑桥大学副校长安妮·罗丝黛尔曾说过：“剑桥的传统没有拖我们的后腿，我们为剑桥的传统和特色感到自豪。”

第四课　剑桥名人榜——物理学奠基人牛顿

剑桥名言

善于钓鱼的人选用鱼喜欢的饵。

人物简介

艾萨克·牛顿爵士是人类历史上出现过的最伟大、最有影响的科学家，同时也是物理学家、数学家和哲学家，晚年醉心于炼金术和神学。他在1687年7月5日发表的不朽著作《自然哲学的数学原理》，用数学方法阐明了宇宙中最基本的法则——万有引力定律和三大运动定律。这四条定律构成了一个统一的体系，被认为是“人类智慧史上最伟大的一个成就”，由此奠定了之后3个世纪中物理界的科学观点，并成为现代工程学的基础。牛顿为人类建立起“理性主义”的旗帜，开启了工业革命的大门。牛顿逝世后被安葬于威斯敏斯特大教堂，成为在此长眠的第一个科学家。

牛顿爵士是英国皇家学会会员，是一位英国物理学家、数学家、天文学家、自然哲学家和炼金术士，著有《自然哲学的数学原理》《光学》《二项式定理》和《微积分》。

他在1687年发表的论文《自然哲学的数学原理》里，对万有引力和三大运动定律进行了描述。这些描述奠定了此后3个世纪里物理世界的科学观点，并成为了现代工程学的基础。他通过论证开普勒行星运动定律与他的引力理论间的一致性，展示了地面物体与天体的运动都遵循着相同的自然定律，从而消除了对太阳中心说的最后一丝疑虑，并推动了科学革命。

【剑桥名人语录】

真理之川从它的错误之沟渠中流过；像萌芽一般，在一个真理之下又生一个疑问，真理和疑问互为滋养。

在力学上，牛顿阐明了动量角动量守恒之原理。在光学上，他发明了反射式望远镜，并基于对三棱镜将白光发散成可见光谱的观察，发展出了颜色理论。他还系统地表述了冷却定律，并研究了音速。在数学上，牛顿与戈特弗里德·莱布尼茨分享了发展出微积分学的荣誉。他也证明了广义二项式定理，提出了“牛顿法”以趋近函数的零点，并为幂级数的研究做出了贡献。在2005年，英国皇家学会进行了一场“谁是科学史上最有影响力的人”的民意调查，牛顿被认为比阿尔伯特·爱因斯坦更具影响力。

天才降生

按照现代的历法，1643年1月4日，艾萨克·牛顿出生于英格兰林肯郡乡下的一个小村落伍尔索普村的伍尔索普（Woolsthorpe）庄园。在牛顿出生之时，英格兰并没有采用教皇的最新历法，因此他的生日被记载为1642年的圣诞节。牛顿出生前3个月，他同样名为艾萨克的父亲刚刚去世。由于早产的缘故，新生的牛顿十分瘦小。据传闻，他的母亲汉娜·艾斯库（Hannah Ayscough）曾说，牛顿刚出生时小得可以把他装进一夸脱的马克杯中。当牛顿3岁时，他的母亲改嫁并住进了新丈夫巴纳巴斯·史密斯

(Barnabus Smith)牧师的家，而把牛顿托付给了他的外祖母玛杰里·艾斯库(Margery Ayscough)。年幼的牛顿不喜欢继父，并因母亲嫁给他而对母亲持有一些敌意，牛顿甚至曾经"威胁我那姓史密斯的父母亲，要把他们连同房子一齐烧掉……"

学生时代

大约从5岁开始，牛顿被送到公立学校读书。少年时的牛顿并不是神童，他资质平常、成绩一般，但他喜欢读书，喜欢看一些介绍各种简单机械模型制作方法的读物，并从中受到启发，自己动手制作些奇奇怪怪的小玩意儿，如风车、木钟、折叠式提灯等等。

传说小牛顿把风车的机械原理摸透后，自己制造了一架磨坊的模型，他将老鼠绑在一架有轮子的踏车上，然后在轮子的前面放上一粒玉米，刚好那地方是老鼠可望不可即的位置。老鼠想吃玉米，就不断地跑动，于是轮子不停地转动；又一次他放风筝时，在绳子上悬挂着小灯，夜间村里人看去惊疑是彗星出现；他还制造了一个小水钟，每天早晨，小水钟会自动滴水到他的脸上，催他起床。他还喜欢绘画、雕刻，尤其喜欢刻日晷，家里墙角、窗台上到处安放着他刻画的日晷，用以验看日影的移动。

牛顿12岁时进了离家不远的格兰瑟姆中学。牛顿的母亲原希望他成为一个农民，但牛顿本人却无意于此，而酷爱读书。随着年岁的增大，牛顿越发爱好读书，喜欢沉思，做科学小实验。他在格兰瑟姆中学读书时，曾经寄宿在一位药剂师家里，使他受到了化学试验的熏陶。

牛顿在中学时代学习成绩并不出众，只是爱好读书，对自然现象有好

> **【剑桥名人语录】**
>
> 友谊的一大奇特作用是：如果你把快乐告诉一个朋友，你将得到两个快乐；而如果你把忧愁向一个朋友倾吐，你将被分掉一半忧愁。

奇心。例如颜色、日影四季的移动，尤其是几何学、哥白尼的日心说等等。他还分门别类地记读书笔记，又喜欢别出心裁地做些小工具、小技巧、小发明、小试验。

当时英国社会渗透基督教新思想，牛顿家里有两位都以神父为职业的亲戚，这可能影响牛顿晚年的宗教生活。从这些平凡的环境和活动中，还看不出幼年的牛顿是个才能出众、异于常人的儿童。

后来迫于生活，母亲让牛顿停学在家务农养家。但牛顿一有机会便埋首书卷，以至经常忘了干活。每次，母亲叫他同佣人一道上市场，熟悉做交易的生意经时，他便恳求佣人一个人上街，自己则躲在树丛后看书。有一次，牛顿的舅父起了疑心，就跟踪牛顿上市镇去，发现他的外甥伸着腿，躺在草地上，正在聚精会神地钻研一个数学问题。牛顿的好学精神感动了舅父，于是舅父劝服了母亲让牛顿复学，并鼓励牛顿上大学读书。牛顿又重新回到了学校，如饥似渴地汲取着书本上的营养。

据《大数学家》(Men of Mathematics，E·T·贝尔著)和《数学史介绍》(An introduction to the history of mathematics，H·伊夫斯著)两书记载："牛顿在乡村学校开始学校教育的生活，后来被送到了格兰瑟姆的国王中学，并成为了该校最出色的学生。在国王中学时，他寄宿在当地的药剂师威廉·克拉克(William Clarke)家中，并在19岁前往牛津大学求学前，与药剂师的继女安妮·斯托勒(Anne Storer)订婚。之后因为牛顿专注于他的研究而使得爱情冷却，斯托勒小姐嫁给了别人。据说牛顿对这次的恋情保有一段美好的回忆，但此后便再也没有其他的罗曼史，牛顿也终生未娶。”

不过据和牛顿同时代的友人威廉·斯蒂克利（William Stukeley）所著的《艾萨克·牛顿爵士生平回忆录》(Memoirs of Sir Isaac Newton's Life)一书的描述，斯蒂克利在牛顿死后曾访问过文森特(Vincent)夫人，也就是当年牛顿的恋人斯托勒小姐。文森特夫人的名字叫做凯瑟琳，而不是安妮，安妮是她的妹妹，而且夫人仅表示牛顿当年寄宿时对她只不过是“怀有情愫”的程度而已。

从12 岁左右到17岁，牛顿都在国王中学学习，在该校图书馆的窗台上还可以看见他当年的签名。他曾从学校退学，并在1659年10月回到埃尔斯索普村，因为他再度守寡的母亲想让牛顿当一名农夫。牛顿虽然顺从了母亲的意思，但据牛顿的同侪后来叙述，耕作工作让牛顿相当不快乐。所幸国王中学的校长亨利·斯托克斯(Henry Stokes)说服了牛顿的母亲，牛顿又被送回了学校以完成他的学业。他在18岁时完成了中学的学业，并得到了一份完美的毕业报告。

【剑桥名人语录】

美德好比宝石，它在朴素背景的衬托下反而更华丽。同样，一个打扮并不华贵，却端庄严肃而有美德的人，是令人肃然起敬的。

1661年6月，他进入了剑桥大学的三一学院。在那时，该学院的教学基于亚里士多德的学说，但牛顿更喜欢阅读一些笛卡儿等现代哲学家以及伽利略、哥白尼和开普勒等天文学家更先进的思想。1665年，他发现了广义二项式定理，并开始发展一套新的数学理论，也就是后来为世人所熟知的微积分学。在1665年，牛顿获得了学位，而大学为了预防伦敦大瘟疫而关闭了。在此后两年里，牛顿在家中继续研究微积分学、光学和万有引力定律。

微积分

大多数现代历史学家都相信，牛顿与莱布尼茨独立发展出了微积分学，并为之创造了各自独特的符号。根据牛顿周围的人所述，牛顿要比莱布尼茨早几年得出他的方法，但在1693年以前他几乎没有发表任何内容，并直至1704年他才给出了其完整的叙述。其间，莱布尼茨已在1684年发表了他的方法的完整叙述。此外，莱布尼茨的符号和“微分法”被欧洲大陆全面地采用，在大约1820年以后，英国也采用了该方法。莱布尼茨的笔记本记录了他的思想从初期到成熟的发展过程，而在牛顿已知的记录中只发现了他最终的结果。牛顿声称他一直不愿公布他的微积分学，是因为他怕被人们嘲笑。牛顿与瑞士数学家尼古拉·法蒂奥·丢勒（Nicolas Fatio de Duillier）的联系十分密切，后者一开始便被牛顿的引力定律所吸引。1691年，丢勒打算编写一个新版本的牛顿《自然哲学的数学原理》，但从未完成它。一些研究牛顿的传记作者认为他们之间的关系可能存在爱情的成分。不过，在1694年这两个人之间的关系冷却了下来。在那个时候，丢勒还与莱布尼茨交换了几封信件。

在1699年年初，皇家学会（牛顿也是其中的一员）的其他成员指控莱布尼茨剽窃了牛顿的成果，争论在1711年全面爆发了。牛顿所在的英国皇家学会宣布，一项调查表明了牛顿才是真正的发现者，而莱布尼茨被斥为骗子。但在后来，发现该调查评论莱布尼茨的结语是由牛顿本人书写，因此该调查遭到了质疑。这导致了牛顿与莱布尼茨的激烈的微积分学论战，并破坏了牛顿与莱布尼茨的生活，直到后者在1716年逝世。这场争论在英国和欧洲大陆的数学家间划出了一道鸿沟，并可能阻碍了英国数学至少一个世纪的发展。

牛顿的一项被广泛认可的成就是广义二项式定理，它适用于任何幂。他发现了牛顿恒等式、牛顿法，分类了立方面曲线（两变量的三次多项式），为有限差理论做出了重大贡献，并首次使用了分式指数和坐标几何学得到丢番图方程的解。他用对数趋近了调和级数的部分和（这是欧拉求和公式的一个先驱），并首次有把握地使用幂级数和反转（revert）幂级数。他还发现了π的一个新公式。

【剑桥名人语录】

在人类历史的长河中，真理因为像黄金一样重，总是沉于河底而很难被人发现；相反的，那些牛粪一样轻的谬误倒漂浮在上面到处泛滥。

他在1669年被授予卢卡斯数学教授席位。在那一天以前，剑桥大学或牛津大学的所有成员都是经过任命的圣公会牧师。不过，卢卡斯教授之职的条件要求其持有者不得活跃于教堂。牛顿提出应免除他担任神职工作的条件，这需要查理二世的许可。后者接受了牛顿的意见，这样避免了牛顿的宗教观点与圣公会信仰之间的冲突。

光的微粒说

从1670年到1672年，牛顿负责讲授光学。在此期间，他研究了光的折射，表明棱镜可以将白光发散为彩色光谱，而透镜和第二个棱镜可以将彩色光谱重组为白光。他还通过分离出单色的光束，并将其照射到不同的物体上的实验，发现了色光不会改变自身的性质。牛顿还注意到，无论是反射、散射或发射，色光都会保持同样的颜色。因此，我们观察到的颜色是物体与特定有色光相合的结果，而不是物体产生颜色

的结果。

从这项工作中，他得出了如下结论：任何折光式望远镜都会受到光散射成不同颜色的影响，并因此发明了反射式望远镜（现称作牛顿望远镜）来回避这个问题。他自己打磨镜片，使用牛顿环来检验镜片的光学品质，制造出了优于折光式望远镜的仪器，而这都主要归功于其大直径的镜片。1671年，他在皇家学会上展示了自己的反射式望远镜。皇家学会的兴趣鼓励了牛顿发表他关于色彩的笔记，这在后来扩大为《光学》（Opticks）一书。但当罗伯特·胡克批评了牛顿的某些观点后，牛顿对其很不满并退出了辩论会。二人自此以后成为敌人，一直持续到胡克去世。

牛顿认为光是由粒子或微粒组成的，并会因加速通过光密介质而折射，但他也不得不将它们与波联系起来，以解释光的衍射现象。而其后世的物理学家们则更加偏爱以纯粹的光波来解释衍射现象。现代的量子力学、光子以及波粒二象性的思想与牛顿对光的理解只有很小的相同点。

【剑桥名人语录】

我们的语言，不妨直爽，但不可粗暴骄傲；有时也应当说几句婉转的话，但切忌虚伪轻浮与油滑。

在1675年的著作《解释光属性的解说》（Hypothesis Explaining the Properties of Light）中，牛顿假定了以太的存在，认为粒子间力的传递是透过以太进行的。不过牛顿在与神智学家亨利·莫尔（Henry More）接触后重新燃起了对炼金术的兴趣，并改用源于汉密斯神智学（Hermeticism）中粒子相吸互斥思想的神秘力量来解释，替换了先前假设以太存在的看法。拥有许多牛顿炼金术著作的经济学大师约翰·梅纳德·凯恩斯曾说：“牛顿不是理性时代的第一人，他是最后的一位炼金术士。”但牛顿对炼金术的兴趣却与他对科学的贡献息息相关，而且在那个时代炼金术与科学也还没有明确的区别。如果他没有依靠神秘学思想来解释穿过真空的超距作用，他可能也不会发展出他的引力理论。

1704年，牛顿著成《光学》，其中详述了光的粒子理论。他认为光是由非常微小的微粒组成的，而普通物质是由较粗微粒组成的，并推测：如果

通过某种炼金术的转化，难道物质和光不能互相转变吗？物质不可能由进入其结构中的光粒子得到主要的动力（Activity）吗？牛顿还使用玻璃球制造了原始形式的摩擦静电发电机。

牛顿力学

1679年，牛顿重新回到力学的研究中：引力及其对行星轨道的作用、开普勒的行星运动定律、与胡克和弗拉姆斯蒂德在力学上的讨论。他将自己的成果归结在《物体在轨道中之运动》（1684）一书中，该书中包含初步的、后来在《原理》中形成的运动定律。

《自然哲学的数学原理》（现常简称作《原理》）在埃德蒙·哈雷的鼓励和支持下出版于1687年7月5日。该书中牛顿阐述了其后200年间都被视作真理的三大运动定律。牛顿使用拉丁单词"gravitas"（沉重）来为现今的引力命名，并定义了万有引力定律。在这本书中，他还基于波义耳定律提出了首个分析测定空气中音速的方法。

由于《原理》的成就，牛顿得到了国际性的认可，并为他赢得了一大群支持者。牛顿与其中的瑞士数学家尼古拉·法蒂奥·丢勒建立了非常亲密的关系。直到1693年他们的友谊破裂。这场友谊的结束让牛顿患上了神经衰弱。

晚年生活

由于受时代的限制，牛顿基本上是一个形而上学的机械唯物主义者。他认为运动只是机械力学的运动，是空间位置的变化；宇宙和太阳一样是没有发展变化的；靠了万有引力的作用，恒星永远在一个固定不变的位置上。

随着科学声誉的提高，牛顿的政治地位也得到了提升。1689年，他当选为国会中的大学代表。作为国会议员，牛顿逐渐开始疏远给他带来巨大成就的科学。他不时表示出对以他为代表的领域的厌恶。同时，他的大量的时间花费在了和同时代的著名科学家如胡克、莱布尼兹等进行科学优先权的争论上。

晚年的牛顿在伦敦过着堂皇的生活，1705年他被安妮女王封为贵族。此时的牛顿非常富有，被普遍认为是生存着的最伟大的科学家。他担任英国皇家学会会长，在他任职的24年时间里，他以铁拳统治着学会。没有他的同意，任何人都不能被选入学会。

晚年的牛顿开始致力于对神学的研究，他否定哲学的指导作用，虔诚地相信上帝，埋头于写以神学为题材的著作。当他遇到难以解释的天体运动时，提出了“神的第一推动力”的理论。他说“上帝统治万物，我们是他的仆人而敬畏他、崇拜他”。

1727年3月31日，伟大的艾萨克·牛顿逝世。同其他很多杰出的英国人一样，他被埋葬在了威斯敏斯特教堂。他的墓碑上镌刻着：让人们欢呼这样一位多么伟大的人类荣耀曾经在世界上存在。

大事年表

1643 年 1 月 4 日，牛顿出生于林肯郡乌尔索普。1655 年，12 岁的牛顿入格兰瑟姆中学学习。1661 年，19 岁的牛顿入剑桥大学三一学院学习。1665 年，牛顿发现二项式定理。

1665～1666 年，牛顿因鼠疫流行回到家乡，对光学、力学、数学有多方面的研究和突破。1668 年，牛顿制成反射式望远镜；1669 年，著《论用无限项方程所做的分析》，任卢卡斯讲座教授；1671 年，著《级数和流数方法论著》。1672 年，30 岁的牛顿当选为皇家学会会员，宣读《关于光和颜色的理论》的论文。1684 年，42 岁的牛顿会见哈雷，证明引力平方反比定律；1686～1687 年，著《自然哲学的数学原理》。

在力学方面的贡献

牛顿在伽利略等人工作的基础上进行深入研究，总结出了物体运动的三个基本定律（牛顿三定律）：第一定律（惯性定律）。任何一个物体在不受任何外力或受到的力平衡时（Fnet=0），总保持匀速直线运动或静止状态，直到有作用在它上面的外力迫使它改变这种状态为止。

第二定律。牛顿第二定律是力的瞬时作用规律。力和加速度同时产生、同时变化、同时消逝。F=ma是一个矢量方程，应用时应规定正方向，凡与正方向相同的力或加速度均取正值，反之取负值，一般常取加速度的方向为正方向。根据力的独立作用

【剑桥名人语录】

乐观是希望的明灯，它指引着你从危险峡谷中步向坦途，使你得到新的生命、新的希望，支持着你的理想永不泯灭。

原理，用牛顿第二定律处理物体在一个平面内运动的问题时，可将物体所受各力正交分解，在两个互相垂直的方向上分别应用牛顿第二定律的分量形式：$F_x=ma_x$，$F_y=ma_y$列方程。牛顿第二定律的六个性质。⑴因果性：力是产生加速度的原因。⑵同体性：F合、m、a对应于同一物体。⑶矢量性：力和加速度都是矢量，物体加速度方向由物体所受合外力的方向决定。牛顿第二定律数学表达式$\sum F = ma$中，等号不仅表示左右两边数值相等，也表示方向一致，即物体加速度方向与所受合外力方向相同。⑷瞬时性：当物体（质量一定）所受外力发生突然变化时，作为由力决定的加速度的大小和方向也要同时发生突变；当合外力为零时，加速度同时为零，加速度与合外力保持一一对应关系。牛顿第二定律是一个瞬时对应的规律，表明了力的瞬间效应。⑸相对性：自然界中存在着一种坐标系，在这种坐标系中，当物体不受力时将保持匀速直线运动或静止状态，这样的坐标系叫惯性参照系。地面和相对于地面静止或做匀速直线运动的物体可以看作是惯性参照系，牛顿定律只在惯性参照系中才成立。⑹独立性：作用在物体上的各个力，都能各自独立产生一个加速度，各个力产生的加速度的矢量和等于合外力产生的加速度。

第三定律。（F表示作用力，F'表示反作用力，负号表示反作用力，与作用力F的方向相反）这3个非常简单的物体运动定律，为力学奠定了坚实的基础，并对其他学科的发展产生了巨大影响。第一定律的内容伽利略曾提出过，后来笛卡儿做过形式上的改进，伽利略也曾非正式地提到第二

定律的内容。第三定律的内容则是牛顿在总结C·雷恩、J·沃利斯和C·惠更斯等人的结果之后得出的。

牛顿是万有引力定律的发现者。他在1665～1666年开始考虑这个问题。万有引力定律(Law of universal gravitation)是艾萨克·牛顿在1687年于《自然哲学的数学原理》上发表的。1679年，R·胡克在写给他的信中提出：引力应与距离平方成反比，地球高处抛体的轨道为椭圆，假设地球有缝，抛体将回到原处，而不是像牛顿所设想的轨道是趋向地心的螺旋线。牛顿没有回信，但采用了胡克的见解。在开普勒行星运动定律以及其他人的研究成果上，他用数学方法导出了万有引力定律。

牛顿把地球上物体的力学和天体力学统一到一个基本的力学体系中，创立了经典力学理论体系，正确地反映了宏观物体低速运动的宏观运动规律，实现了自然科学的第一次大统一。这是人类对自然界认识的一次飞跃。

牛顿指出流体黏性阻力与剪切率成正比。他说：流体部分之间由于缺乏润滑性而引起的阻力，如果其他都相同，与流体部分之间分离速度成比例。现在把符合这一规律的流体称为牛顿流体，其中包括最常见的水和空气；不符合这一规律的称为非牛顿流体。

在给出平板在气流中所受阻力时，牛顿对气体采用粒子模型，得到阻力与攻角正弦平方成正比的结论。这个结论一般地说并不正确，但由于牛顿的权威地位，后人曾长期奉为信条。20世纪，T·卡门在总结空气动力学的发展时曾风趣地说，牛顿使飞机晚一个世纪上天。

关于声的速度，牛顿正确地指出，声速与大气压力平方根成正比，与密度平方根成反比。但由于他把声传播当作等温过程，结果与实际不符，后来皮埃尔·西蒙·拉普拉斯从绝热过程考虑，修正了牛顿的声速公式。

【剑桥名人语录】

我始终努力保持自己思想的自由，我可以放弃任何假说，无论是如何心爱的，只要事实证明它是不符的。不要因为长期埋头科学而失去对生活、对美、对诗意的感受能力。

在数学方面的贡献

二项式定理。在1655年，刚好22岁的牛顿发现了二项式定理，这对于微积分的充分发展是必不可少的一步。二项式定理在组合理论、开高次方、高阶等差数列求和，以及差分法中有广泛的应用。

二项式级数展开式是研究级数论、函数论、数学分析、方程理论的有力工具。在今天我们会发觉这个方法只适用于n是正整数，当n是正整数1、2、3……，级数终止在正好是n+1项。如果n不是正整数，级数就不会终止，这个方法就不适用了。但是我们要知道，那时莱布尼茨在1694年才引进函数这个词，在微积分早期阶段，研究超越函数时用它们的级来处理是所用方法中最有成效的。

创建微积分

17世纪以来，原有的几何和代数已难以解决当时生产和自然科学所提出的许多新问题。例如：如何求出物体的瞬时速度与加速度？如何求曲线的切线及曲线长度（行星路程）、矢径扫过的面积、极大极小值（如近日点、远日点、最大射程等）、体积、重心、引力等等；尽管牛顿以前已有对数、解析几何、无穷级数等成就，但还不能圆满或普遍地解决这些问题。当时笛卡儿的《几何学》和沃利斯的《无穷算术》对牛顿的影响最大。牛顿将古希腊以来求解无穷小问题的种种特殊方法统一为两类算法：正流数术（微分）和反流数术（积分），反映在1669年的《运用无限多项方程》、1671年的《流数术与无穷级数》、1676年的《曲线求积术》3篇论文和《原理》一书中，以及被保存下来的1666年10月他写的在朋友们中间传阅的一篇手稿《论流数》中。所谓“流量”就是随时间而变化的自变量如x、y、s、u等，“流数”就是流量的改变速度即变化率。他说的“差率”、“变率”就是微分。与此同时，他还在1676年首次公布了他发明的二项式展开定理。牛顿利用它还发现了其他无穷级数，并用来计算面积、积分、解方程等等。1684年莱布尼兹从对曲线的切线研究中引入了和拉长的S作为微积分符号，从此牛顿创立的微积分学在大陆各国迅速推广。

微积分的出现，成了数学发展中除几何与代数以外的另一重要分支——数学分析（牛顿称之为“借助于无限多项方程的分析”），并进一步发展为微分几何、微分方程、变分法等等，这些又反过来促进了理论物理学的发展。例如瑞士J. 伯努利曾征求最速降落曲线的解答，这是变分法的最初始问题，半年内全欧数学家无人能解答。1697年，一天牛顿偶然听说此事，当天晚上一举解出，并匿名刊登在《哲学学报》上。伯努利惊异地说：“从这锋利的爪中我认出了雄狮。”

【剑桥名人语录】

只知哲学一些皮毛的人，思想会导向无神论。但是，深入了解哲学，会把人带回宗教。

微积分的创立是牛顿最卓越的数学成就。牛顿为解决运动问题，才创立这种和物理概念直接联系的数学理论的，牛顿称之为“流数术”。它所处理的一些具体问题，如切线问题、求积问题、瞬时速度问题以及函数的极大和极小值问题等，在牛顿以前已经得到人们的研究了。但牛顿超越了前人，他站在了更高的角度，对以往分散的结论加以综合，将自古希腊以来求解无限小问题的各种技巧统一为

两类普通的算法——微分和积分，并确立了这两类运算的互逆关系，从而完成了微积分发明中最关键的一步，为近代科学发展提供了最有效的工具，开辟了数学上的一个新纪元。

牛顿没有及时发表微积分的研究成果，他研究微积分可能比莱布尼茨早一些，但是莱布尼茨所采取的表达形式更加合理，而且关于微积分的著作出版时间也比牛顿早。

在牛顿和莱布尼茨之间，为争论谁是这门学科的创立者的时候，竟然引起了一场轩然大波，这种争吵在各自的学生、支持者和数学家中持续了相当长的一段时间，造成了欧洲大陆的数学家和英国数学家的长期对立。英国数学在一个时期里闭关锁国，囿于民族偏见，过于拘泥在牛顿的“流数术”中停步不前，因而数学发展整整落后了100年。

1707年，牛顿的代数讲义经整理后出版，定名为《普遍算术》。他主要讨论了代数基础及其（通过解方程）在解决各类问题中的应用。书中陈述了代数基本概念与基本运算，用大量实例说明了如何将各类问题化为代数方程，同时对方程的根及其性质进行了深入探讨，引出了方程论方面的丰硕成果。如：他得出了方程的根与其判别式之间的关系，指出可以利用方程系数确定方程根之幂的和数，即“牛顿幂和公式”。

牛顿对解析几何与综合几何都有贡献。他在1736年出版的《解析几何》中引入了曲率中心，给出密切线圆（或称曲线圆）概念，提出曲率公式及计算曲线的曲率方法，并将自己的许多研究成果总结成专论《三次曲线枚举》，于1704年发表。此外，他的数学工作还涉及数值分析、概率论和初等数论等众多领域。

【剑桥名人语录】

一切真正伟大的人物（无论是古人、今人，只要是其英名永铭于人类记忆中的），没有一个因爱情而发狂的人，因为伟大的事业抑制了这种软弱的感情。

牛顿在前人工作的基础上，提出“流数（fluxion）法”，建立了二项式定理，并和G.W.莱布尼茨几乎同时创立了微积分学，得出了导数、积分的概念和运算法则，阐明了求导数和求积分是互逆的两种运算，为数学的发展开辟了一个新纪元。

在光学方面的贡献

牛顿曾致力于颜色的现象和光的本性的研究。1666年，他用三棱镜研究日光，得出结论：白光是由不同颜色（即不同波长）的光混合而成的，不同波长的光有不同的折射率。在可见光中，红光波长最长，折射率最小；紫光波长最短，折射率最大。牛顿的这一重要发现成为光谱分析的基础，揭示了光色的秘密。牛顿还曾把一个磨得很精、曲率半径较大的凸透镜的凸面，压在一个十分光洁的平面玻璃上，在白光照射下可看到，中心的接触点是一个暗点，周围则是明暗相间的同心圆圈。后人把这一现象称为“牛顿环”。他创立了光的“微粒说”，从一个侧面反映了光的运动性质，但牛顿对光的“波动说”并不持反对态度。1704年，他出版了《光学》一书，系统阐述他在光学方面的研究成果。

热学方面的贡献。牛顿确定了冷却定律，即当物体表面与周围有温差时，单位时间内从单位面积上散失的热量与这一温差成正比。

天文学方面的贡献。牛顿1672年创制了反射望远镜。他用质点间的万有引力证明，密度呈球对称的球体对外的引力都可以用同质量的质点放在中心的位置来代替。他还用万有引力原理说明潮汐的各种现象，指出潮汐的大小不但同月球的位相有关，而且同太阳的方位有关。牛顿预言地球不是正球体。岁差就是由于太阳对赤道突出部分的摄动造成的。

在哲学方面的贡献

牛顿的哲学思想基本属于自发的唯物主义，他承认时间、空间的客观存在。如同历史上一切伟大人物一样，牛顿虽然对人类做出了巨大的贡献，但他也不能不受时代的限制。例如，他把时间、空间看作是同运动着的物质相脱离的东西，提出了所谓绝对时间和绝对空间的概念；他对那些暂时无法解释的自然现象归结为上帝的安排，提出一切行星都是在某种外来的“第一推动力”作用下才开始运动的说法。

《自然哲学的数学原理》是牛顿最重要的著作，1687年出版。该书总结了他一生中许多重要发现和研究成果，其中包括上述关于物体运动的定律。他说，该书“所研究的主要是关于重、轻流体抵抗力及其他吸引运动的力的状况，所以我们研究的是自然哲学的数学原理”。该书传入中国后，中国数学家李善兰曾译出一部分，但未出版，译稿也遗失了。现有的中译本是数学家郑太朴翻译的，书名为《自然哲学之数学原理》，1931年商务印书馆初版，1957年、1958年两次重印。

苹果落地

一个偶然的事件往往能引发一位科学家思想的闪光。这是1666年夏末一个温暖的傍晚，在英格兰林肯州乌尔斯索普，一个腋下夹着一本书的年轻人走进他母亲家的花园里，坐在一棵树下，开始埋头读他的书。当他翻动书页时，他头顶的树枝中有样东西晃动起来。一只历史上最著名的苹果落了下来，打在23岁的牛顿的头上。恰巧在那天，牛顿正苦苦思索着一个问题：是什么力量使月球保持在环绕地球运行的轨道上，以及使行星保持在其环绕太阳运行的轨道上？为什么这只打中他脑袋的苹果会坠落到地上？正是从思考这一问题开始，他找到了这些问题的答案——万有引力理论。由于牛顿的《自然哲学的数学原理》一书用的是欧几里得几何学的表述方式，它是一个严密的、完美的体系，书中没有叙述苹果落地的故事，致使许多人对苹果落地一说持保留意见。实际上，牛顿的亲戚和朋友多次证实苹果落地的故事。

法国文学家、科学家伏尔泰曾追忆过，他在牛顿去世前一年，即1726年去英国时，听牛顿的继姊妹说过，一天，牛顿躺在苹果树下，忽然看到一个苹果落地，引起了他的思考。牛顿灵机一动，脑中突然形成一种观点：苹果落地和行星绕日会不会由同一宇宙规律所支配的？从而悟出了万有引力定律。牛顿晚年的一位密友斯多克雷也明确提到，在1742年4月的一天，和牛顿共进午餐后，一起来到牛顿家后园，并在苹果树下饮茶。在谈话中“他（指牛顿）告诉我正是在过去同样情况下，注意引力的思想出现在他的脑海里，那是在一棵苹果树下偶然发生的，当时他处于沉思冥想之中”。

还有牛顿晚年的另一位密友潘伯顿在有关追忆牛顿的著作中，也谈及因苹果落地而引起验证引力平方反比关系的故事。牛顿在晚年再次讲述当时苹果的故事，那时离苹果落地时已经超过60年了，为什么一个老人对此事记忆那么深刻？我认为有两个原因：首先是因为万有引力定律是一项举世瞩目的辉煌的成果，当事人对触发灵感的事件当然是深深的激动和怀念的；其次是与胡克的争执也留下深深的记忆，牛顿就从一个侧面澄清事实真相，应该认为苹果落地一说的事实是成立的。

牛顿与伪币

作为英国皇家铸币厂的主管官员，牛顿估计大约有20%的硬币是伪造的。伪造货币在英国是大逆罪，会被处以车裂的极刑。尽管这样，为那些恶名昭著的罪犯定罪是异常困难的；不过，事实证明牛顿胜任这项任务。

他通过掩饰自己的身份而搜集了许多证据，并公之于酒吧和客栈里。

英国的法律保留了古老且麻烦的习惯,以给起诉设置必要的障碍,并将政府部门从司法中分离开来。牛顿为此当上了太平绅士，并在1698年6月到1699年圣诞节期间引导了对200名证人、告密者和嫌疑犯的交叉讯问。牛顿最后得以胜诉,并在1699年2月执行了10名罪犯的死刑。后来,他下令将所有的讯问记录予以销毁。

【剑桥名人语录】

一个机敏谨慎的人,一定会交一个好运。礼节要举动自然才显得高贵。假如表面上过于做作,那就丢失了应有的价值。

也许牛顿最伟大的胜利是以国王法律代理人的身份与威廉·查洛纳(William Chaloner)对质。查洛纳密谋策动一起假的天主教阴谋活动，然后检举那些不幸被他诱骗来的共谋者。在向国会的请愿中,查洛纳控告铸币厂有偿地将工具提供给了造伪币者,并请求国会允许他检查铸币厂的生产过程以证明他的控告。他还请求国会采纳他所谓的“无法伪造的造币过程”,以及同时打击假币的计划。牛顿被激怒了,并开始着手调查,以查出查洛纳做过的其他事。在调查中,牛顿发现查洛纳参与了伪币制造。他立即起诉了查洛纳,但查洛纳先生在高层有一些朋友，因此他被无罪释放了，这让牛顿感到不满。在第二次起诉中,牛顿提供了确凿的证据,并成功地使查洛纳被判处大逆罪。1699年3月23日,查洛纳在泰伯恩行刑场被车裂。

对科学研究的痴情

牛顿对于科学研究专心到痴情的地步。据说有一次牛顿煮鸡蛋,他一边看书一边干活,糊里糊涂地把一块怀表扔进了锅里,等水煮开后,揭盖一看,才知道错把怀表当鸡蛋煮了。还有一次,一位来访的客人请他估价一具棱镜。牛顿一下就被这具可以用作科学研究的棱镜吸引住了,毫不迟疑地回答说:“它是一件无价之宝!”客人看到牛顿对棱镜垂涎三尺,表示愿意卖给他,还故意要了一个高价。牛顿立即欣喜地把它买了下来,管家老太太知道了这件事,生气地说:“咳,你这个笨蛋,你只要照玻璃的重量折一个价就行了!”有一次牛顿请朋友吃饭,准备好饭菜后,自己却钻进了研究室，朋友见状吃完后便不辞而别了，牛顿出来时发现桌上只剩下残羹冷饭，以为自己已经吃过了，就回去继续进行研究实验。牛顿用心之专注被传为佳话。

终身未婚之谜

牛顿少年时代在一首诗里表白自己的远大抱负：

世俗的冠冕啊，我鄙视它如同脚下的尘土，
它是沉重的，而最佳也只是一场空虚；
可是现在我愉快地欢迎顶荆棘冠冕，
尽管刺得人痛，但味道主要的是甜；
我看见光荣之冠在我的面前呈现，
它充满幸福，永恒无边。

可以说，每一个伟大的科学家，都是富有激情、富有理想的诗人，但牛顿是一个追求用科学中的光线谱来解释他的理想的特殊类型的诗人。他让他的思想展翅飞翔，以整个宇宙作为藩篱。在他的整个心田里，填满了自然、宇宙。也许这是他终身未娶的最根本原因。不过，牛顿并没有完全与爱情绝缘，他一生中甚至有过两次恋爱。

牛顿23岁正在剑桥大学求学时，由于剑桥发生了瘟疫，学校放假，牛顿回到乡下，住在舅父家里。在那里，他爱上了美丽、聪明、好学、富有思想的表妹。表妹也很喜欢这个学识渊博、卓见非凡的大学生。他们常常一起散步。牛顿喜欢即兴发表长篇讲话，他的讲话内容又多是他正在学习和研究的问题。表妹虽听不懂，但她还是耐心地听，似乎觉得很有趣。牛顿在心里想："这样一个可爱的女子，对于我所讲的觉得这样有味，我一定很不错。当然，她的脑筋一定也很好，是个不平凡的女子。如果能得到她的帮助，解决我的许多困难问题，与我共同工作，那该多好啊！"

但是牛顿生性腼腆，并未及时向表妹表白心中的爱情。等他回到剑桥大学后，又聚精会神地沉浸到科学研究中去了。他早已忘记了远方的乡村还有一位美丽的少女在等着他。他对个人生活一直不予重视，而她的表妹却误以为牛顿对她冷淡，便择夫，因而醉心于科学研究的牛顿便耽误了一次收获爱情的大好时机。牛顿实在太忙了，他连做梦想的也是宇宙、世界。他往往领带不结，鞋带不系好，马裤也不扣好，就走进大学餐厅。尽管如此，牛顿毕竟是个年轻人，还有一颗浪漫的心。

有一次，“青春迫不及待的激情”催使他向一位年轻姑娘求婚。他轻轻地握着她的手，含情脉脉地看着这位美人。正在这紧要关头，他的心思忽地溜到另一个世界去了。他的头脑中只剩下无穷量的二项式定理。他像做梦似的，下意识地抓住情人的一个手指，把它当成是通烟斗的通条，硬往烟斗里塞。姑娘痛得大叫一声，他才清醒过来。面对吃惊的姑娘，他连忙像只绵羊似的柔声道歉：“啊，亲爱的，饶恕我吧！我知道，我是不行了。看来，我是该打一辈子光棍！”

姑娘饶恕了牛顿，却无法理解他，爱情又成了泡影。科学上许多新的问题不断扑向牛顿的脑海，他整个热情都集中到了科学事业上。此后那种“青春的热情”再也没有涌现出多彩的旋律。

剑桥小百科

剑桥大学参议院曾经是最高立法机关，但是目前唯一的职责是选举校长。参议院成员包括所有获得剑桥大学硕士以上学位的学生或教授。大学会议全称参议院会议，负责日常行政工作，成员共 21 人，包括校长、副校长和 19 名由选举产生的成员。19 人包括 4 名学院院长代表、4 名教授代表、8 名来自摄政院的其他成员和 3 名学生代表。前三类成员由摄政院选举产生，学生代表则由学生选举产生。

第五章　剑桥的荣耀与魅力

剑桥大学(University of Cambridge)是英国也是全世界最顶尖的大学之一。英国许多著名的科学家、作家、政治家都来自于这所大学。剑桥大学也是诞生最多诺贝尔奖得主的高等学府,有 89 名诺贝尔奖获得者曾经在此执教或学习,其中有 70 多人是剑桥大学的学生。

第一课　人才辈出的剑桥大学

剑桥名言　成功者和失败者的差异，不是知识，也不是经验，是思维方式。

剑桥是一座大学城，不足10万人口，没有工业。历史建筑古色古香，新建楼也高不逾5层，还要涂上古旧的外观。它位于风景秀丽的剑桥镇，蜿蜒曲折的康河横贯其间，两岸垂柳轻拂、绿意葱葱。没有围墙，也没有校牌，不必担心门卫的盘问与查证件，剑桥大学每一栋建筑都向社会开放，它已成为众多学者的朝圣之地。

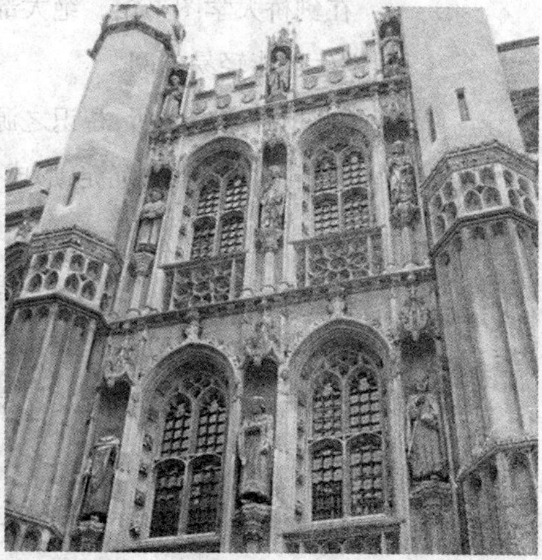

据相关报道，剑桥大学曾拒绝给撒切尔夫人和布莱尔两位首相颁发“荣誉博士”学位；剑桥曾拒绝把经费危机以收取高额学费的形式转嫁给学生；剑桥大学曾致信英国多部流行肥皂剧的编剧，要求他们不要将剑桥大学塑造成精英学府，而是展示学校更

【牛津剑桥大学生划船比赛】

一般被称为“龙舟赛”的是在英国的牛津大学划船俱乐部和剑桥大学划船俱乐部之间进行的划船比赛。比赛每年春天在伦敦的泰晤士河进行，通常是在3月份最后一个星期六或4月份的第一个星期六。目前该比赛正式的头衔是皇家划船比赛，同时它也被称为牛津剑桥大学生划船比赛。自1856年以来，除了两次世界大战期间，其余每年都会举行。

平易近人的形象。

800年来，剑桥大学人才辈出；800年来，剑桥大学依然处于学术界领先地位。

至于个中原因，也许只有局中人才能更有体会。当年的剑桥学习生活安排，让潘家华至今难忘。

他说，“学院”不是美国、中国大学那样相近专业的集合体，而是一个学生生活起居、辅导、学习的场所，大学各系才是上课、实验、考试、作论文的地方。

一个学院，有多个互不沾边专业的学生。这样，使学生既可有学院内不同专业学生之间的接触，又有大学同系同专业的竞争环境。作为研究生，上课可以自选，见导师要预约，指导时间也很有限。但是，大学的图书资料、学术报告、讲座，似乎就是一座无法穷尽的宝库，只要你挖掘，总可以找到你所需要的东西。

相比那些华丽庄严的古老建筑，剑桥大学图书馆才是真正的知识殿堂。它不仅拥有海量的藏书，更以无微不至的服务出名。

在剑桥大学图书馆，绝大部分藏书都是开架借阅的，就连善本和手稿，学生也能轻易借阅。

“此地乃启蒙之所，智识之源”的校训，凝练地概括了剑桥的办学理念与大学精神。800年的沉淀，形成了厚重的文化传统，而这些传统又滋润着一代又一代的剑桥人，发扬光大着剑桥的精神。

2001年1月17日，在剑桥大学校内，剑桥人以独特的灯光秀回顾建校800年的璀璨历程。在灯光秀中，还展示了插画家、剑桥大学校友布雷克的最新作品——剑桥大学校友、享誉全球的大师级人物牛顿和达尔文的肖像画。

著名的美国教育家、哈佛大学校长科南特曾说过：“大学的荣誉，不

在于它的校舍和人数，而在于它一代一代人的质量。”如果以这个标准去衡量，剑桥大学无愧于它世界上最古老的高等学府、最负盛名的顶尖大学之一的赞誉。

自从1209年一群学者为学术的魅力聚集于剑桥的古罗马商栈开始，800年来，一批又一批大师级学者从这里走向学术的顶峰，他们包括发现万有引力定律的科学家牛顿、英国最著名的诗人弥尔顿、因创立进化论而家喻户晓的达尔文、经济学家凯恩斯、身残志坚的当代物理学大师霍金，等等。据称，迄今为止剑桥大学诺贝尔奖获得者人数为世界大学之首，有80多人。最近的获奖校友为2008年诺贝尔化学奖得主、华裔科学家钱永健，他是剑桥大学的博士及博士后，研究领域为生理学。

据新加坡《联合早报》2012年3月7日报道，英国剑桥大学最新年度报表显示，该校资产高达40亿英镑，是英国最富有的大学。剑桥员工和学生人数约为3万，这相当于剑桥人均资产超过13万英镑(约129万元人民币)。

剑桥大学和牛津大学齐名为英国的两所最优秀的大学，被合称为牛桥(Oxbridge)。剑桥大学是英国也是全世界最顶尖的大学之一，有88名诺贝尔奖获得者曾经在此执教或学习，其中70多人是剑桥大学的学生。剑桥大学还是英国的名校联盟“罗素集团”和欧洲的大学联盟科英布拉集团的成员。

剑桥除了诞生了一大批科学巨匠外，查尔斯王子、威尔士王子、爱德华七世、玛嘉丽皇后等皇室显贵也出于其间；就连因写《撒旦诗篇》一书遭伊朗连年追杀的拉什迪，竟也出自剑桥门下；对英国诗歌格律的形成起重要作用的大诗人斯宾塞也于1569年入剑桥大学学文学、哲学和部分自然科学。

剑桥小百科

剑桥，人类应当铭记。1873年，麦克斯韦统一电磁学，人类开始进入无线通信时代；1897年，汤姆逊发现电子，人类敲开了通向基本粒子物理学的大门；1953年，弗朗西斯·克里克和詹姆斯·沃森发现DNA双螺旋结构，人类迈入生物信息时代……一个大学，产生了这么多为人类文明做出贡献的专家学者，怎能不叫人肃然起敬?!

第二课　剑桥现象

剑桥名言

要追求真理，认识真理，更要依赖真理，这是人性中的最高品德。

目前在剑桥大学工作的教职员共9000名，教师中有多位诺贝尔奖获得者，英国皇家学会会员近百名，95%的教师拥有哲学博士学位。

剑桥大学的学术活动，包括全校性的教学和研究，都由作为大学行政机构的几个学院来组织。此外，还有一个与这些学院相似的系级委员会。学院之下，还有系一级的组织，再以下则是部。

剑桥大学拥有62个系，其中有29个理科系、33个文科系。各系都有自己的教学大楼和图书馆，共约有20个实验室。众多系中尤为著名的是物理系，最著名的实验室是卡文迪什实验室。

至20世纪80年代，围绕剑桥各类实验室兴办起来的企业获得巨大发展,这类高科技公司创造了英国经济中著名的“剑桥现象”。

“剑桥大学对于应用性科研的支持,远远早于科学园的建立。而剑桥和企业之间建立起明确的联系已长达一个多世纪。”“剑桥现象”最早可以追溯到达尔文的儿子在1881年跟校友一起建立的世界上第一家与大学相连的公司——剑桥科学仪器公司。后来纷纷成立了很多公司,加强大学与外界的联系,服务于社会的发展,做出了突出贡献。20世纪60年代,在《馍特报告》的指引下,剑桥大学开始建立科学园,致力于将大学科研与企业相结合,为剑桥现象注入了新的生命力。在以剑桥大学为圆心,20公里半径范围内的大剑桥地区内,有635000多人口、就业机会359000多个,为经济增加的总附加值达到了122亿英镑。2006年,人口数量仅占欧洲0.1%的大剑桥地区获得的风险投资达到整个欧洲所获风险资本的8%。剑桥与大企业的联系更加紧密,如2000年,微软公司向剑桥大学投资3.38亿美元,设立一项英国最大的国际奖学金,每年资助230多个来自世界各地的优秀学生就读剑桥大学;马可尼公司投资6400万美元,在剑桥设立研究机构;李嘉诚在剑桥大学捐资建立医学研究中心,并设立李嘉诚基金,资助剑桥大学知名学者来华讲学。近年来,在制药、计算机科学等领域,剑桥大学与葛兰素、微软等大型跨国企业开展了深入的合作。

“剑桥现象”所取得的奇迹并不是一蹴而就的,是长时间的探索与积淀的结果,具有深刻原因。首先,注重学术自由,维护知识产权。“剑桥现象的繁荣发展,得益于剑桥大学的一大特色——赋予个体以学术自由,使他们能够去追求自我的理念、思想,并保留他们自己的知识产权。”“我们的教师和学生可以自由地与他人分享观点和想法,这一根本原则为思想交流与研究成果商业化提供了坚实基

【剑桥现象】

所谓“剑桥现象”(也有人称为“剑桥奇迹”),就是指剑桥科技与企业的结合带来了高技术产业的发展,它是剑桥与社会、企业相结合的典范,是欧洲最成功的科学园,已成为世界各国效仿的典范,更是剑桥大学最值得自豪的地方。

础。”“他们必须保证企业界的资助是真正为了进行科研，而不是开发市场上的新产品。科研也必须与教学和考试任务这样的职责性工作分离开来。他们必须坚持说服合作者愿意及时地发表和与公众共享研究成果。他们必须坚持自由讨论，例如在参与研究的学生中进行讨论,不论谁是出资者,谁是合作者。”

其次,加强与企业联系纽带。成立沃夫森产业联络办公室和剑桥大学技术服务有限公司,负责学校同产业界的联系与合作。加大对新兴企业的扶持,并建立专门的法律、财务机构,如专门建立了剑桥创业中心,对创业进行专门培训,鼓励人们的创新精神。

第三,重视基础科学建设,加大材料科学、纳米技术、生物技术、信息技术等领域的投入,为技术的应用奠定坚实的基础。

第四,发展新兴产业和有潜力的新技术。重视引导各种技术的交叉与融合,如生物技术、信息技术和纳米技术的结合,产生了很多新的产业,带动了其他行业的发展。此外,大力发展纳米材料技术、制药和基因技术、传感技术、电子通信和数据传输技术、无线电技术、生物信息技术、蓝牙技术、高智能计算机技术等具有全球竞争优势的技术。

第五,建立有效的大剑桥伙伴关系,注重人际网络的重要作用,成立一些大型的组织机构,会员涵盖世界各地成千上万的公司,通过网络等先进技术连接世界各地。

第六,剑桥大学具有很强的竞争优势,这种优势“来自创新能力、科研

【剑桥历史】

跟牛津大学一样,剑桥大学一开始也没有自己的房子。他们在租来的房子里讲课和生活,哪里有地方就在哪里。大学生们从一开始就住在旅舍(hostel)里,由店主负责监督。1280年,在这种私人旅舍被有着自己的校舍和捐款的学院取代之前,全城已经有34家这种大学生公寓了,捐款能保证学院的持久性和独立性。

基地、传播知识经验的网络、知识型的群落……一个企业家团队，他们积极参与当地、本区域、全国乃至全世界的各个创新项目，创造出新的产业”。

第七，建立大学与企业合作机制，鼓励企业在学校内建立实验室，进一步催生小型企业，加强大学的基础性研究。

总之，“剑桥现象”就是凭借“大学和学院、剑桥暑期学校、企业家训练中心、剑桥麻省理工学院、制造学院、创新中心和孵化器、科技园和研究园、公司和产业群、剑桥联系网络和大剑桥伙伴关系网络”，建立了高效的保障体系，才走到了今天。

“硅沼”(siliconFens)之名，得自剑桥周边信息技术企业所在的那片沼泽地，与美国加州斯坦福大学周边的“硅谷”(SiliconVaUey)并称。几年间，这里冒出了1000多家高新技术企业，雇佣员工3万多名，年收入30多亿美元。兴起于20世纪60年代的剑桥大学科学园，致力于将大学科研与企业相结合。到80年代，这片130英亩的土地上集中了近500家高新技术企业，为4000多人提供了就业机会，年产值以数亿英镑计。这座欧洲最成功的科学园，被称为“剑桥现象”或“剑桥奇迹”。

【剑桥历史】

布罗厄斯这样追述剑桥与企业相关的历史：“剑桥大学对于应用性科研的支持，远远早于科学园的建立。而剑桥大学和企业之间建立起明确的联系已长达一个多世纪。”

90年代，由布罗厄斯参与推动的“硅沼”则为“剑桥奇迹”注入了新的生命力。他认为，剑桥现象的繁荣发展，得益于剑桥大学的一大特色——赋予个体以学术自由，使他们能够去追求自我的理念、思想，并保留他们自己的知识产权。布罗厄斯认为，财政政策、土地使用以及美国的经济规模，使硅谷与硅沼有所不同。他认为，在剑桥的经验中最值得关注的有两点：对于新兴企业的扶持和一些促进小企业建立的法律、财务机构的存在。“今天，剑桥大学通过各种方式鼓励人们的创新精神，并专门建立了剑桥创业中心。”

近年来，在制药、计算机科学等领域，剑桥大学与葛兰素、微软等大型跨国企业开展了深入的合作。面对未来，布罗厄斯认为，剑桥大学必须诞生一种新型的体制，更具灵活性、激励性，能够进一步催生新型的小企业。同时，大学与大企业结成有效的合作体制，也将有力地推动巨大成果的产生。“我们新近的重点是嬗入式实验室，即企业在大学建立实验室，这对于大学的基础研究非常有利。”中国的不少大学目前都在努力将科研与产业结合起来，北京大学的校办产业规模位居中国大学之首，现在又在主校区附近建设科技园区，布罗厄斯对此非常感兴趣。他建议，大学科学园的建设需要具备几个先决条件：对于商业发展和组建公司有高度技巧的专业化建议；对于创业的专门培训；对于知识产权的共享。

剑桥小百科

一般来说，英国的学制要比美国的短。剑桥大学的本科生一般是3~4年。上完3年，就可得到学士学位；上完4年，下来就是硕士(MA)；如果3年拿到学士学位后就参加工作，一年以后也可以在工作岗位上再交论文，直接申请硕士学位。严格说来，剑桥大学没有真正的硕士，硕士学位只是一个过渡。

第三课　剑桥的魅力

剑桥名言

天赋如同自然花木，要用学习来修剪。

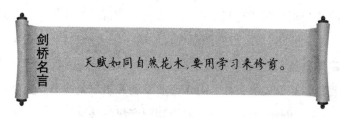

剑桥大学的魅力究竟何在，竟使千万学子负笈而来，满腹经纶而去？当代学者马建勋在《剑桥的魅力》一文中是这样描述的：

剑桥大学因剑河流经校园而得名，剑河的河面宽不过两三丈，两岸多是草地、花丛，河上时见天鹅、鸳鸯游弋，河底长满水草青荇。剑河上横卧着数十座款式各异的石桥、铁桥和木桥，其中，最具特色的是一座呈深棕色的木桥，名叫“数学桥”，据说是根据牛顿力学原理镶嵌而成，显得十分高贵典雅，每逢雨天时还散发出浓郁的檀木香味。

剑桥大学是一所开放的大学。所谓的开放，不仅是指学校没有大门，没有围墙，没有篱笆，更是因其学术研究、思

想观念、人才培养相当开放。从剑桥蕴含哲理的一则校训可见一斑:“我学得越多,我知道得越多;我知道得越多,我忘得越多;我忘得越多,我知道得越少。那么我为什么学习?”

剑桥大学在教学上以自学为主,实行导师制,每个学生跟从一位导师, 每周会面一次。不谈一般的问题和困难,导师专门听学生对学术的个人高见,甚至对导师本人学术观点的批评,他们鼓励学生的独立人格、自主意识、批评精神以及探索能力。上课从不点名,学生来去听便,然而校园学术风气十分浓厚,各种讲座、报告会丰富多彩,各种学生团体、俱乐部、咖啡屋也给学生提供了很多参与实践的机会。

【剑桥图书馆】

在剑桥大学,图书馆与教室相比,图书馆更像是重要的课堂。学生们不一定每天都有课,有课也不过三四个小时,算下来,用在图书馆查阅资料、借书还书、复印打字的时间却占了一天中的大部分时间。学会用图书馆是一门大学问。剑桥大学的图书馆系统纷繁复杂,每个系或研究所都有自己专门的图书馆,31座学院也都各自建有或大或小的图书馆。

剑桥大学已有800年的悠久历史,共由35所学院组成,规模庞大,景象恢宏。学院多以创建者的名字命名,也有的以纪念某一名人而建,如达尔文学院、罗宾森学院和丘吉尔学院等。

其中,建于1546年的三一学院规模最大,其教学研究堪称世界之最,具有培养一流科学家和哲学家以及大法官的独特传统。牛顿、爱因斯坦都曾求学于此。至今,这里仍完好地保留着300年前大科学家牛顿的讲堂。漫步剑桥,心中久久弥漫着一种对科学巨人和对事业的庄严、神圣、崇高的敬畏之感,一种高山仰止,一种心灵的净化与升华。

迄今为止,这座世界名牌大学已培养出80多位诺贝尔奖金获得者,仅仅一个卡文迪什实验室,就有20多人获得诺贝尔物理学奖。这令其他任何大学都难以望其项背。

剑桥虽侧重于自然科学的教学与研究,其文科也同样名冠天下。大思想家、哲学家培根、斯宾塞、罗素、维特根斯坦以及经济学家凯恩斯皆出于此,

大诗人弥尔顿、华兹华斯、拜伦等亦出于此。进了剑桥大学,这里的人文环境、学术氛围、文化传统,周围的一切都在浸染着你,使你潜移默化,鞭策着你,使你奋进不息,并锻造着你对学术的虔诚、对传统的珍重和对世俗潮流敢于抗争的学术品格。自然科学与人文科学如车之两轮、鸟之双翼,促进剑桥大学各方英才脱颖而出。

在剑桥这座庄严的学术王国里,牛顿完成了经典力学体系,奠定了近代物理学的基础;他发现了万有引力定律,解释了宇宙间星球正常运行的规律, 奠定了近代天文学的基础。这位科学巨人的成功和无与伦比的声誉,并不是他侥幸和偶然的获得,也不单纯是天赋才能使然,而是他长期孜孜不倦地勤奋学习和刻苦实践的结果。

霍金是剑桥大学“卢卡斯讲座”终身教授,他孱弱的躯体禁锢在小小的轮椅上,人瘦得出奇,脑袋无力地垂向一边,皮肤光泽得像个婴儿。他基本属于全身瘫痪, 能活动的地方仅是他左手的两个手指和部分的脸部肌肉,他不时扬起眉毛,偶尔露出莞尔的笑容令人高兴而又心头酸楚。然而,不可思议的是,他无疑拥有全世界最聪明的大脑,最高深的学识。他利用电脑语言合成器发出带有金属味的声音,简直就是一个超人类的精灵。

首先，剑桥有着深厚积淀，从1209年建校至今已有800多年的历史，是英国和全世界最古老的学府之一。剑桥现有35个学院，其中有着720多年历史最古老的彼得学院(Pe-terhouse,)(1284年建立)、680多年历史的卡莱尔学院(clare College)(1336年建立)、有着460多年历史的“三一学院”(Trinity College)(1546年建立)、560多年历史的国王学院(King's College)(1441年建立)、500多年历史的圣约翰学院(St. John’s College)(1511年建立)，以及130多年历史的世界闻名的卡文迪什实验室都是剑桥大学的骄傲。据说，80多位诺贝尔奖金获得者中约有40多位出自Trinity College(三一学院)，其余40多名获得者主要出自卡文迪什实验室。世界重量级科学家牛顿、霍金都出自剑桥的Trinity College。英国对牛顿和霍金的科学贡献、科学地位及英国政府对他们的赞誉和尊重远远超出我们的想象。在威斯敏斯特大教堂中的所有雕塑像中，唯有牛顿的雕像是站立的，而且是在最醒目的地方。

【专业设置】

剑桥大学专业设置：建筑和艺术史系，古希腊和罗马语言文学系，神学系，英语系，现代和中古语言学系，音乐系，东方系，经济系，教育系，历史系，法律系，哲学系，社会和政治科学系，地球科学地理系，工程系，数学系，物理化学系，考古和人类学系，医药医学系，计算机科学技术，土地经济系，管理系，生物系，心理学。

其次，剑桥至今仍实行独有的学院制大学体制。这种学院制不同于现代大学的法学院、文学院等专业学院的建制含义。学院制具有综合性，每个学院学科齐全，文、理、工样样都有。学院学生200～400人不等，少而精。学院制使每个学院具有独立性，招

【学位设置】

剑桥大学副博士和硕士的区别有三点：其一，副博士的一年或两年时间是可以计算到博士的时间，而从硕士直读博士，是至少需要3年时间；其二，如果你的最终成绩在65分以上，学校可以为你提供开放的时间，在有效时间内，你随时可以去上学，再继续你的博士学业；其三，剑桥大学规定，如果你拿到副博士学位后，工作满一定年限，你也可直接提交申请博士学位的论文，学校根据你的论文质量和工作业绩，可授予你博士学位，而硕士则无此殊荣。

生、财务甚至对外交流都门户独立。学院的微型化、完整性，综合性、独立性使学院良性发展。每年来剑桥做学生、做教师的络绎不绝。

此外，每个学院本科生一律住校(住学院的校园里)，教师轮流与学生同住，一些宿舍楼梯口还有学生、老师和教授出勤牌。教授与学生们一对一的接触不仅帮助解决了学生们的学业问题，也帮助解决了他们的思想问题。此外，每个学院都有院级图书馆，教授们学术上态度严谨，学院经常为学生们举办传统式的聚会，为学生们提供相互交流的机会，所有这些也都有利于学生们学术上的成长。

剑桥能够人才辈出的第三个原因是剑桥录取时看中学生的潜力，并通过各种方式确定学生是否有潜力。面试时的提问，一般没有标准答案。与国内强调标准答案不同，它非常重视学生回答“yes”或“no”之后的自我陈述与延展，着重审视你的思维能力与兴趣焦点。每年录取本科生要花2万个小时面试。剑桥努力帮助学生选择适合自己发展的领域，同时向学生提供良好稳定的环境，以便让学生们发挥自己的潜力。

第四个原因是剑桥在教学中也看中对学生潜力的开发。剑桥充分体现的是“教中学”这种教学理念，从课程类型设置就可见一斑。剑桥的课程分为三类：一类是“讲座” (Lecture)，由老师讲述，一般一次课为一小时。每次老师都发给学生本堂课所涉及的主要参考书目、主要引文和授课内容等打印材料。一类是“授课” (class)，时间为一个半小时，由老师组织学生发言。老师有时会事先让学生分别准备问题，有时是随意发言，有时小组讨论。还有一类是“研讨”(Seminar)，是讨论课，每次专题不同，经常是主讲人讲一个专题，然后大家自由发言讨论。Lecture和class给本科生开的多一些，而研究生则Seminar和class各半。第三类，主要用于本科教学的小组或一对一的教学模式。

剑桥一路辉煌和长盛不衰的第五个重要原因是剑桥重视科研和教学中审慎的科学态度。除了校图书馆，学校还拥有60多个专门图书馆，藏书丰富。每日图书馆里鬓发斑白的教授查阅资料的身影和教师们精益求精的科学态度让我明白了剑桥人永不停歇、奋发向上的伟大情怀。值得一提的是，教师在讲课时，客观地再现相关的理论、研究数据文本内容，包括引文出处，很少主观臆断、以个人观点充斥教学课堂。教师给学生很多空间去自己探讨、去研究。

剑桥小百科

副博士是剑桥和牛津的一个稍具特色的学位，因专业不同，一般是两年，授课一年，论文一年(经济系为一年的课程加论文)。如果课程的考试成绩(一般是 4 门课)超过 65 分，就可直接转为博士，再读两年就可获得博士学位。

第四课 剑桥名人榜——“宇宙之王”霍金

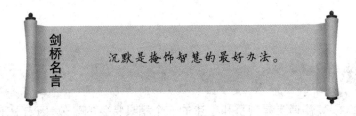

剑桥名言

沉默是掩饰智慧的最好办法。

人物简介

斯蒂芬·威廉·霍金，英国剑桥大学应用数学及理论物理学系教授，当代最重要的广义相对论和宇宙论家，是当今享有国际盛誉的伟人之一，被称为在世的最伟大的科学家，还被称为“宇宙之王”。

20世纪70年代他与彭罗斯一起证明了著名的奇性定理，为此他们共同获得了1988年的沃尔夫物理奖。

他因此被誉为继爱因斯坦之后世界上最著名的科学思想家和最杰出的理论物理学家。他还证明了黑洞的面积定理，即随着时间的增加黑洞的面积不减。

2012年1月8日霍金预言，地球将在千年内面临核战之类的大灾难，人类只有在火星或太阳系其他星球殖民，才能避免灭绝。

1942年1月8日，霍金出生于英国牛津。毕业于牛津大学(University of Oxford)和剑桥大学(Universitas Cantabrigiensis Cambridge)，并获剑桥大学

哲学博士学位。

【剑桥名人语录】

脾气暴躁是人类较为卑劣的天性之一，人要是发脾气就等于在人类进步的阶梯上倒退了一步。

他因为在21岁时不幸患上了会使肌肉萎缩的卢伽雷氏症,所以被禁锢在轮椅上,只有3根手指可以活动。

1985年,因患肺炎做了穿气管手术，被彻底剥夺了说话的能力，演讲和问答只能通过语音合成器来完成。

1972年,他考查黑洞附近的量子效应,发现黑洞会像黑体一样发出辐射，其辐射的温度和黑洞质量成反比，这样黑洞就会因为辐射而慢慢变小,而温度却越变越高,最后以爆炸而告终。

黑洞辐射的发现具有极其基本的意义,它将引力、量子力学和统计力学统一在一起。

1974年以后,他的研究转向了量子引力论。虽然人们还没有得到一个成功的理论,但它的一些特征已被发现。

例如,空间——时间在普朗克尺度下不是平坦的,而是处于一种粉末的状态。

在量子引力中不存在纯态，因果性受到破坏，因此使不可知性从经典统计物理、量子统计物理提高到了量子引力的第三个层次。

1980年以后，霍金的兴趣转向了量子宇宙论。然而，2004年7月，他改正了自己原来的“黑洞悖论”观点，信息应该持之以恒。《时间简史》的副题是从大爆炸到黑洞。

斯蒂芬·威廉·霍金认为他一生的贡献是在经典物理的框架里，证明了黑洞和大爆炸奇点的不可避免性，黑洞越变越大；但在量子物理的框架里，他指出，黑洞因辐射而越变越小，大爆炸的奇点不断被量子效应所抹平，而且整个宇宙正是起始于此。

理论物理学的细节在未来的20年中还会有变化，但就观念而言，现在已经相当完备了。

生平经历

斯蒂芬·威廉·霍金的生平是非常富有传奇性的。

霍金1942年出生于英国牛津，出生当天正好是伽利略逝世300年忌日，父亲法兰克是毕业于牛津大学的热带病专家，母亲伊莎贝尔20世纪30年代于牛津研究哲学、政治和经济。

【剑桥名人语录】

完成工作的方法是爱惜每一分钟。敢于浪费自己生命当中一小时的人，尚未发现生命的价值。我从来不认为半小时是我微不足道的很小的一段时间。

1942年1月，纳粹德军狂轰滥炸英格兰，伦敦遭受几乎夜夜不停的空袭。这迫使霍金一家搬离海格特的家园，迁到牛津避难。他们在霍金诞生后又回到了伦敦。

童年时的霍金，学业成绩并不突出，但喜欢设计极为复杂的玩具，据说他曾做出一台简单的电脑。

1959年，17岁的霍金入读牛津大学的大学学院攻读自然科学，自称用了很少时间而得到一等荣誉学位，随后转读剑桥大学研究宇宙学。

1963年他被诊断患有肌肉萎缩性侧索硬化症，这就是人们所说的运动神经病，当时医生诊断他最多只能活两年，可是他却奇迹般活了下来，虽然他丧失了活动能力，但是他坚强的意志却促使其成为科学领域的伟人。

霍金曾澄清自己当时并无酗酒，只感到自己有“悲剧性格”，并使自己沉醉于瓦格纳的音乐里。直至他遇上了首任妻子珍·王尔德(Jane Wilde)，两人结婚后育有3名子女。

23岁时，霍金获得了剑桥大学哲学博士学位，留在剑桥大学进行研究工作。

在科学成就上，他是有史以来最杰出的科学家之一，他的贡献是在他被卢伽雷氏症禁锢在轮椅上20年之久的情况下做出的，这是真正的空前绝后。

他的贡献对于人类的观念有非常深远的影响，所以媒介很早就有许多关于他如何与全身瘫痪做搏斗的描述。

尽管如此，吴忠超（译者）于1979年第一回见到他时的情景至今还历历在目。

那是第一次参加剑桥霍

【剑桥名人语录】

由智慧所养成的习惯能成为第二本性。欣赏者心中有朝霞、露珠和常年盛开的花朵；漠视者冰结心城，四海枯竭，丛山荒芜。

金广义相对论小组的讨论班时，身后门一打开，脑后忽然响起一种非常微弱的电器的声音，回头一看，只见一个骨瘦如柴的人斜躺在电动轮椅上，他自己驱动着电开关。

译者尽量保持礼貌而不显出过分吃惊，但是他对首次见到他的人对其残疾程度的吃惊早已习惯。他要用很大努力才能举起头来。

在失声之前，只能用非常微弱的变形的语言交谈，这种语言只有在陪他工作、生活几个月后才能通晓。

他不能写字，看书必须依赖于一种翻书页的机器，读文献时必须让人将每一页摊平在一张大办公桌上，然后他驱动轮椅如蚕吃桑叶般逐页阅读。

人们不得不对人类中居然有以这般坚强意志追求终极真理的灵魂从内心产生深深的敬意。从他对译者私事的帮助可以体会到，他是一位富有人情味的人。

每天他必须驱动轮椅从他的家——剑桥西路5号，经过美丽的剑河、古老的国王学院驶到银街的应用数学和理论物理系的办公室。该系为了他的轮椅行走便利特地修了一段斜坡。霍金虽然身残但志不残，非常乐观。

他还证明了黑洞的面积定理。在富有学术传统的剑桥大学，他担任的职务是剑桥大学有史以来最为崇高的教授职务，那是牛顿和狄拉克担任过的卢卡斯数学教授。

他拥有几个荣誉学位，是最年轻的英国皇家学会会员。在公众评价中，被誉为是继阿尔伯特·爱因斯坦之后最杰出的理论物理学家之一。

他提出宇宙大爆炸自奇点开始，时间由此刻开始，黑洞最终会蒸发，在统一20世纪物理学的两大基础理论——爱因斯坦的相对论和普朗克的量

子论方面迈出了重要一步。

他因患“渐冻症”(肌肉萎缩性侧索硬化症或称卢伽雷氏症)，禁锢在一把轮椅上达40年之久,他却身残志不残,使之化为优势,克服了残废之患而成为国际物理界的超新星。

他不能写，甚至口齿不清,但他超越了相对论、量子力学、大爆炸等理论而迈入创造宇宙的“几何之舞”。

尽管他那么无助地坐在轮椅上,他的思想却出色地遨游到广袤的时空,解开了宇宙之谜。

霍金的魅力不仅在于他是一个充满传奇色彩的物理天才,也因为他是一个令人折服的生活强者。他不断求索的科学精神和勇敢顽强的人格力量深深地吸引了每一个知道他的人。

患有肌肉萎缩性侧索硬化症的他,几乎全身瘫痪,不能发音,但1988年仍出版《时间简史》,至今已出售逾2500万册,成为全球最畅销的科普著作之一。

他被世人誉为“在世的最伟大的科学家”、“另一个爱因斯坦”、“不折不扣的生活强者”、“敢于向命运挑战的人”、“宇宙之王”。

霍金虽然身体的残疾越来越重,但却力图像普通人一样生活,完成自己所能做的任何事情。

他甚至是活泼好动的——这听起来有些好笑，在他已经完全无法移动之后，他仍然坚持用唯一可以活动的手指驱动着轮椅在前往办公室的路上“横冲直撞”。

当他与查尔斯王子会晤时，旋转自己的轮椅来炫耀，结果轧到查尔斯王子的脚趾，被查尔斯王子臭骂一通。

预言移民

斯蒂芬·霍金2012年1月8日迎来70岁生日，霍金6日接受英国广播公司(BBC)节目听众提问，则预言核战及全球气候变暖等灾难将于千年内摧毁地球，而人类将在约100年后殖民外层空间。

英国广播电台四台为庆祝霍金生日，推出“问问霍金”电台节目，听众透过社交网站及电子邮件向霍金提问。

有听众问：“你认为人类能否逃过所有灾难，并最终在其他星球殖民？”霍金说：“人类可能会绝种。我几乎肯定核战和全球气候变暖之类的大灾难，将于1000年内降临地球。”

但霍金指出，人类灭绝并非无可避免，因为科技进步将带领人类走出太阳系，到达宇宙的远方：“我确信人类终将殖民太空，在火星及太阳系的其他星球上建立自给自足的殖民地，不过大概要100年以后。”

在太阳系中，火星是除地球之外可供人类居住的最佳选择。尽管各国宇航局已经做好了对火星的载人探测任务准备，但是这类活动也要几十年之后才能实施，而且探测一次往返大约需要450天。

夫妻关系

1990年，霍金与前妻珍(Jane)离婚，1995年迎娶私人看护伊莱恩。2004年年初，英国有媒体指霍金遭到第二任妻子虐打，消息轰动全球。

2004年1月，霍金透过剑桥大学两度发表声明，指责有关消息失实，并表示“我全心坚决驳斥说我遭到虐待的说法。媒体的报道纯属虚构，有人散播这样不实的

【经典语录】

我们活着，不是享乐，也不是受苦，而是行动，在每个明天，我们的目标和道路，都要比今天前进一步。

消息，令我感到失望。”

然而，外界传出霍金身上出现多处神秘伤痕，手腕骨折，脸部和嘴唇有很深的切口，同年3月，英国警方正式向霍金问询，了解有关情况，并查问部分霍金前护士索取资料，但由于霍金并未合作，英国警方最终未能起诉任何人。

早在2000年，警方也曾对霍金的意外受伤感到怀疑，但霍金当时拒绝配合，令调查终止。

霍金的女儿露西·霍金在访问中曾说，约2000年已发现父亲身上有伤痕，但是父亲说是他不小心自己弄伤的，她并未太在意。

2006年10月19日，64岁的斯蒂芬·霍金正在与第二任妻子伊莱恩办理离婚手续，他们已经共同生活了11年。

2009年4月6日，霍金因病取消外访，同月20日因病送院治理，情况欠佳。

2012年1月传出因脸部肌肉恶性萎缩，已严重影响其表达能力，并有可能使他无法发出独特的“电脑声”。

霍金在1985年因患上肌肉萎缩症丧失了说话能力，只能利用眼球的上、下、左、右移动发出指令，通过电脑语言合成器，发出独具特色的“电脑声”。

据霍金助理称，之前霍金通过其电脑系统，每分钟能讲出15个英语单词，而如今因脸部肌肉恶性萎缩，每分钟只能讲出一个英语单词。目前，有关专家正在尝试采用新技术来改善这一状况，以防止这位伟大的科学家

丧失语言表达能力。

乐观不屈的人

霍金是一个懂得感恩生活和乐观不屈的人。

在他 21 岁得知自己患上了不治之症后也曾消沉过一段时间，极度失望时他做了一个梦，梦见自己努力去帮助一些人。医生当时预测他最多只能活两年，但两年过后情况并不是非常糟糕。

后来他又想到了以前曾和自己一个病房的男孩，那个男孩第二天就死去了。他似乎明白了什么，他觉得自己还不算倒霉，不应该就这样放弃，自己 17 岁就考上剑桥大学，拥有异乎常人的头脑。

患病后，霍金为了家庭、为了自己的理想，果断的“站了起来”，继续自己的研究。

他自己在个人传记中谈到，他并不认为疾病对他有多大影响，他每天都陶醉在自己的世界之中，努力不去思考自己的疾病。

同时，他又努力证明自己能够像常人那样生活。霍金在自己的生活中，只要能做到的事情绝不麻烦别人，他很憎恨别人把他当他残疾人，他说：一个人身体残疾了，决不能让精神也残疾。

一次霍金演讲结束后，一位女记者冲到演讲台前问道：“病魔已将您永远固定在轮椅上，你不认为命运让你失去太多了吗？”

大师的脸上充满了笑意，用他还能活动的 3 根手指，艰难地叩击键盘后，显示屏上出现了 4 行文字：

“我的手指还能活动,我的大脑还能思维,我有终生追求的理想,我有爱我和我爱的亲人和朋友。”

在回答完那个记者的提问后，他又艰难地打出了第五句话:“对了，我还有一颗感恩的心!”现场顿时爆发出了雷鸣般的掌声。

【经典语录】

凡事只需看得淡些,就没有什么可忧虑的了;只要不因愤怒而夸大事态,就没什么事情值得生气的了。

的确,用霍金自己的话来说,活着就有希望,人永远不能绝望! 比大海更广阔的是天空,比天空更广阔的是人的胸怀! 即使病魔把霍金关在果壳中,他也是无限空间之王!

外星人论

从最初的《星际迷航》再到《飞向太空》再到最经典的《E.T》,人类对宇宙空间的探索一直没有停止过,人们一直想要在外太空找到一丝生命的迹象,希望与之交流沟通、互惠互利。

2010年物理学家霍金却说出了让人吃惊的话,称最好不要主动与外星人接触。

2010年4月26日,英国著名物理学家斯蒂芬·霍金在一部25日播出的纪录片中说,外星人存在的可能性很大,但人类不应主动寻找他们,应尽一切努力避免与他们接触。

美国探索频道25日开始播出系列纪录片《跟随斯蒂芬·霍金进入宇宙》。霍金在片中向观众介绍他对是否存在外星人等宇宙未解之谜的看法。

英国《星期日泰晤士报》援引霍金的话报道,宇宙中存在着超过1000亿个星系,每个星系至少包含大量星球。

仅仅基于这一数字就几乎可以断定外星生命的存在。

【经典语录】

按照自己的意志去做,不要听那些闲言碎语,你就一定会成功。要记住!情况越严重,越困难,就越需要坚定、积极、果敢,而越无为就越有。

“真正的挑战是弄明白外星人长什么样。”霍金说。

在他看来，外星生命极有可能以微生物或初级生物的形式存在，但不能排除存在能威胁人类的智能生物。

“我想他们其中有的已将本星球上的资源消耗殆尽，可能生活在巨大的太空船上，”他说，“这些高级外星人可能成为游牧民族，企图征服并向所有他们可以到达的星球殖民。”

霍金认为，鉴于外星人可能将地球资源洗劫一空然后扬长而去，人类主动寻求与他们接触“有些太冒险”。“如果外星人拜访我们，我认为结果可能与克里斯托弗·哥伦布当年踏足美洲大陆类似。那对当地印第安人来说不是什么好事。”

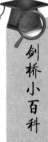

剑桥小百科

大学的现任名誉校长是爱丁堡公爵，副校长是乐思哲教授。名誉校长办公室只是形式上设置的，而副校长则是大学实质的学术和行政首脑。大学内部的管理是由大学的各个部门独立进行的，而仅有少数的对外事务由大学中央机构委派代表处理。

后 记

本丛书是根据世界著名大学文化教育长期思考研究编辑而成，它代表着我的一份独立思考,更代表着我的一份紧张和不安。

我知道书是写给别人看的,且不说怎样去影响别人、打动别人,起码得让人饶有兴致地读下去吧。我试图从新的视角,新的写作方式,尽可能全面准确地把握写作主题,让读者从世界著名的20所高等学府中获取知识,从而提高自身的文化素质,学习思考问题和学术研究的新方法。在文化交流中,读者能够从本丛书中了解到世界著名大学的文化教育思想,同时可以学习借鉴这些大学教育经验的有效做法和成功经验。我知道,想到了未必能做到,更未必能做得好。这是个大问题,就算不能够起到抛砖引玉的效果、但是在编写过程中我还是做了大胆的尝试,希望读者们可以在阅读的过程中有所收获,有所启发。

本着这样的想法和初衷,经过长期的准备和编写,书稿业已完成。大学是人才荟萃、知识丰富和精神自由的地方,在大学里,每个大学生的人生都会因为环境而发生重大的转折和改变,这也是人生获取能量、积累资源最重要的时期。因此,大学生在校期间应该兼收并蓄,广泛寻求与老师、同学、校友之间的互动交流机会,从而既可获得一面立体的“镜子”,清晰地认清自己,又能获得各类精神营养的滋润,让自己拥有领袖的气质。

大学是未来领袖的摇篮,是天才的渊薮,也是一个人在走向社会之前的自我磨练的地方。在这样一个思想极度开放自由的地方,作为大学生必然会遇到各种各样的问题。在这套丛书中,我们不仅介绍各所世界名校的发展历程、研究成果，同时我们还介绍了这些高等学府的知名校友，青少年在阅读时会从那些名人的生平事迹中有所感悟，从而影响青少年读者的人生价值观。我始终认为大学教育是一个人在成才过程中必不可少的教育阶段，在这一时期，大学生们必须要有自我发展的意识，而“未来领袖摇篮”丛书正好符合了青少年在这方面的需求。

大学有着深厚的文化积淀，其功能是培养符合社会需要的人才。尽管大学中的教学活动都是围绕专业知识的传授和学习展开的，实际上，一批又一批的青年学子始终是在学校中各种“潜在课程”、“无形学院”的培养、熏陶和影响下成长的。学知识与学做人，始终是摆在大学生面前的两件同等重要的任务。大学教育的本质在于人的教育。

高等教育的最重要目标并不是为了培养出多少具有先进知识的人才，而是在于培养具有高等素质的复合型人才。换句话说，在学生的专业知识与人格得到全面发展的同时，大学作为培养“未来领袖的摇篮”肩负着责无旁贷的重任。